Vivir la misa

OTROS TÍTULOS EN ESPAÑOL DE LOYOLA PRESS
POR JOE PAPROCKI

La caja de herramientas del catequista:
Cómo triunfar en el ministerio de la catequesis

Una fe bien construida:
Guía católica para conocer y compartir lo que creemos

Los planos de la Biblia:
Una guía católica para entender y acoger
la Palabra de Dios

VIVIR LA MISA

Cómo una hora a la semana puede cambiar tu vida

P. DOMINIC GRASSI Y JOE PAPROCKI

LOYOLA PRESS.
UN MINISTERIO JESUITA
Chicago

LOYOLA PRESS.
UN MINISTERIO JESUITA

3441 N. Ashland Avenue
Chicago, Illinois 60657
(800) 621-1008
www.loyolapress.com

© 2005, 2011 Dominic Grassi y Joe Paprocki. Todos los derechos reservados.

© 2012 Loyola Press, edición en español. Todos los derechos reservados.

Título original en inglés: *Living the Mass: How One Hour a Week Can Change Your Life*. (Chicago, IL: Loyola Press, 2011). Traducido por Viviana Aubele, dirigida por Redactores en red.

Las citas de las Sagradas Escrituras corresponden a *La Biblia de nuestro pueblo* © 2006 Pastoral Bible Foundation y © 2006 Ediciones Mensajero. Todos los derechos reservados.

Citas del *Misal Romano*, 13ª edición © 2003, Conferencia Episcopal Mexicana. Citas del *Ritual para el Bautismo de los niños*, 2ª edición © 1996, Comisión Episcopal de Pastoral Litúrgica, de México. Cita de *La presencia real de Jesucristo en el sacramento de la Eucaristía* © 2002, Conferencia de Obispos Católicos de Estados Unidos (USCCB, por sus siglas en inglés). Todos los derechos reservados. Reproducidas con los debidos permisos.

Diseño de la portada, superior: iStockphoto.com/ooyoo; inferior: Zvonimir Atletic/ Shuttersock.com.
Diseño interior: Arc Group Ltd.

Library of Congress Cataloging-in-Publication Data
Grassi, Dominic.
 [Living the Mass. Spanish]
 Vivir la misa : cómo una hora a la semana puede cambiar tu vida / Padre Dominic Grassi y Joe Paprocki.
  p. cm.
 ISBN 978-0-8294-3758-4 -- ISBN 0-8294-3758-4 1. Mass--Handbooks, manuals, etc. I. Paprocki, Joe. II. Title.
 BX2230.3.G7213 2012
 264'.02036--dc23

                    2012019550

Impreso en los Estados Unidos de América
14 15 16 17 18 Bang 10 9 8 7 6 5 4 3 2

Dedicamos este libro a la memoria del reverendo
Padre Jack Daley.
Para Joe fue padrino de su hijo Mike.
Para Dominic fue compañero de seminario.
Y para ambos fue sacerdote, confidente,
modelo a imitar y amigo del alma.

Índice

Agradecimientos

Agradezco a Joe Durepos y Steve Connor por alentarnos a Dom y a mí para llevar a cabo esta revisión, que ahora ofrecemos por primera vez en español. A Dom, por su extraordinaria colaboración y su amistad de tantos años. A D. Todd Williamson, por su amistad, sus conocimientos en liturgia y los estupendos almuerzos compartidos en Greek Town. A Denyse Wang, por la excelente labor de organizar la información en la tercera edición del Misal Romano en inglés. Y especialmente a Joanne, Mike y Amy, que llenan mi vida y hacen de mí una persona íntegra. (Joe S. Paprocki [JSP])

Agradezco a los fieles de las parroquias de St. Josaphat y St. Gertrude de la ciudad de Chicago, con quienes tuve el privilegio de compartir la adoración y cuya fe me permite apreciar mejor y amar más la misa. Es siempre una bendición volver a contactar con Joe y trabajar con él. (Dominic J. Grassi [DJG])

Deseamos agradecer al magnífico personal de Loyola Press por ofrecernos la oportunidad de compartir nuestros pensamientos sobre cómo la misa nos desafía a practicar la fe y nos empuja a ello llenándonos de fuerza.

Por sobre todo, al tiempo que expresamos nuestro aprecio a todas las fuentes de inspiración para escribir este libro, repetimos las últimas palabras que se dicen en misa: ¡Demos gracias a Dios! (DJG y JSP)

Introducción

Acercar la misa a la vida cotidiana

¿Te gustaría conocer a Dios? ¿Y si tuvieras la oportunidad de tener un encuentro real y personal con Dios todas las semanas y de construir una relación con él que te ayude a vivir los seis días restantes de la semana? Existe tal oportunidad, y tú eres el invitado. Esa oportunidad es la misa.

Quizás nunca pensaste que la misa fuese un suceso que pudiera cambiar vidas. No obstante, pensándolo bien, ¿cómo podría un encuentro con el Creador del universo *no* transformarnos la vida? Los católicos creemos que la misa es el camino más profundo que Dios toma para penetrar en la vida de su pueblo. Puede, y debe, marcar una diferencia. La pregunta es: ¿Por qué va a la misa del domingo solo del 25 al 35 por ciento de los católicos? Hay varias razones: muchos atribuyen su desinterés a los cambios producidos a partir del Concilio Vaticano II y de los recientes escándalos de abuso sexual, e incluso a la poca música o malos sermones. Estos otros factores han contribuido a que algunos católicos hayan decidido dejar de asistir a misa.

Nosotros ofrecemos otra razón. Muchísimos católicos no entienden el Bautismo. Piensan que el Bautismo es un acontecimiento que ocurre una vez y para siempre, que no es algo que debemos practicar día a día. Reflexiona sobre ello. Si alguien te pregunta: "¿Practicas el catolicismo?", es probable que contestes teniendo en cuenta si asistes o no a misa los domingos. Permíteme formular la pregunta de otra manera: ¿Practicas el Bautismo?

Es una pregunta más difícil de responder, ¿verdad? Apartar un tiempo para ir a misa es una cosa. Levantarse cada día para practicar el Bautismo es otra. En realidad, asistir a la misa del domingo no tiene mucho sentido, salvo que lo veamos en el contexto de cómo vivimos los seis días restantes de la semana. En primer lugar, la razón por la cual asistimos a misa es que, por medio del Bautismo, nos comprometemos a algo y con alguien. Si en realidad entendiéramos el significado de practicar el Bautismo, entonces veríamos con más claridad que participar de manera íntegra, consciente y activa en la misa del domingo es parte esencial y necesaria de la experiencia de seguir a Jesucristo, una experiencia permanente y que transforma vidas.

Lo que los católicos necesitamos es una conexión sólida entre lo que creemos, la manera en que adoramos y la manera en que vivimos la fe a diario. Que la misa cobre más significado no implica tan solo mejorar la calidad de la música, la homilía o la manera en que se decora el altar —aunque a veces son muy necesarias algunas mejoras en esas áreas—. Más bien, la solución está en entender mejor la conexión de Dios con nuestra vida diaria y con la manera en que la misa nos invita y también nos desafía a practicar el Bautismo a diario. La solución está en reconocer que el

Bautismo es nuestro compromiso a seguir un estilo de vida que se sustente y se nutra de la celebración de la Eucaristía.

Este libro no es uno más de los tantos que explican las partes de la misa. Ya existen decenas de ese tipo. Este libro nos desafía a mirar nuestro propio estilo de vida. Aborda la manera en que una hora el domingo por la mañana puede, y debe, definir la manera en que "vivimos, y nos movemos, y existimos" (Hechos 17:28) las restantes ciento sesenta y siete horas de la semana. Es un libro que habla de obligaciones, no solo de la obligación de ir a la iglesia los domingos, sino de vivir el estilo de vida católico al cual nos comprometimos en el Bautismo, un sacramento de iniciación que llega a su punto más significativo en la celebración de la Eucaristía. Nuestro objetivo es demostrar que la misa no es un acontecimiento al que asistimos, sino algo que hacemos y que nos prepara a "ir" y hacer lo que Jesús nos pide.

Haced esto en conmemoración mía: ¿*Qué* debemos hacer?

Cuando en misa escuchamos la siguiente frase: "Haced esto en conmemoración mía", se nos recuerda que Jesús nos pide hacer mucho más que ir a misa los domingos. Nos invita a elegir un camino que sigue el mismo amor desinteresado que Jesús tuvo por nosotros. Es este el camino que escogimos al bautizarnos. Uno de los motivos por los cuales no sabemos qué es lo que la misa nos pide que hagamos es principalmente que no entendemos lo que prometimos en el momento del bautizo. Cuando nos comprometimos a ser parte de la Iglesia de Cristo (compromiso que otros hicieron en nuestro lugar, personas que nos amaban y querían lo mejor para nosotros, en caso de que nos hayan bautizado de muy pequeños), comenzamos un proceso de iniciación en un camino. No es casualidad que en la primera Iglesia se decía que los miembros pertenecían al "Camino" (Hechos 9:2; 19:9, 23; 22:4; 24:14, 22).

Pero, ¿qué es exactamente lo que se nos pide que hagamos en ese camino? La respuesta está en las palabras que se usan en el ritual del Bautismo cuando el sacerdote o diácono nos unge con el crisma:

> Dios todopoderoso,
> Padre de nuestro Señor Jesucristo [. . .]
> les unja con el crisma de la salvación,
> para que incorporados a su pueblo,
> sean para siempre miembros de Cristo
> Sacerdote, Profeta y Rey. [con énfasis]

Como discípulos de Cristo estamos llamados a amar y servir a Dios y a los demás al participar en su ministerio como sacerdote, profeta y rey. Esto significa que en el diario vivir debemos hacer lo siguiente:

- como sacerdotes: presentarles a otros a Jesús; alabar y adorar a Dios en nuestra vida; ofrecer nuestra vida y a nosotros mismos en sacrificio; ayudar a que otros puedan acceder a Dios; interceder por las necesidades del mundo y ser parte de la respuesta de Dios a esas necesidades; ayudar a los demás a que por medio nuestro encuentren a Dios.

■ como profetas: hablar en nombre de los oprimidos; predicar la Palabra de Dios de manera clara
y resuelta; dar testimonio, evangelizar y catequi-
zar; traer esperanza a los que sufren; desafiar a las
personas e instituciones a ser fieles; denunciar sin
temor la injusticia.

■ como reyes: servir y proteger a los más vulnerables;
abastecer a aquellos que no pueden hacerlo por sí
mismos; amar a los enemigos; dar la vida por los
demás; trabajar por la justicia; vivir con dignidad;
respetar la dignidad de los demás; restaurar vidas
quebrantadas; representar la voluntad de Dios;
proteger el mundo que nos rodea y toda la creación divina.

Al final de la misa, cuando el sacerdote o diácono dice:
"Pueden ir en paz", nos está enviando a la misión de participar en el ministerio de Jesús como sacerdote, profeta y rey. Si
entendemos que ese es nuestro llamado, nuestro mandato,
entenderemos mejor qué es lo que estamos haciendo y celebrando en la misa y cómo ella nos prepara, nos habilita, nos
desafía y nos inspira a *ir en paz* y a hacer justamente eso.

Si bien el domingo, nuestro sabbat, es por tradición
día de reposo, la palabra *liturgia*, que proviene del griego
leitourgia, significa "la labor de las personas". La liturgia es,
de hecho, "labor" o algo que hacemos. Al mismo tiempo, lo
que hacemos no ocurre solamente en esa hora que pasamos
en la iglesia, sino también cuando nos vamos de la iglesia y
nos incorporamos a la vida cotidiana. El lunes en la mañana,

con energías renovadas, estamos preparados para seguir adelante e intentar poner en práctica el trabajo que empezamos en la misa: el compromiso a ir en paz, a vivir el llamado bautismal y hacer la tarea de discípulo.

En este libro identificaremos y describiremos lo que los cristianos estamos llamados a hacer y ser; qué capacidades y talentos hacen falta para vivir como cristianos y cómo una hora a la semana en misa puede cambiar, debe cambiar y cambiará nuestra vida.

Este libro nos permitirá reflexionar sobre la misa como un todo, sobre las palabras y acciones que ocurren en la misa y que expresan nuestra fe, al tiempo que nos transforman. Las palabras suelen preceder e inspirar las acciones. El "hacer" nuestra fe tiene su inspiración en las oraciones que pronunciamos en misa. Cuanto mejor entendamos esas palabras, signos y símbolos litúrgicos, tanto mejor viviremos la misa a diario. Lo que la misa es en sí, lo que Jesús nos dio —la ofrenda de sí mismo— nunca cambiará.

Empezar con un fin en mente

Demos gracias a Dios

En mi libro *Bumping into God in the Kitchen* [Encontrándonos con Dios en la cocina] escribí la receta que mi madre usaba para cocinar bolitas de huevo. Siempre quise hacerlas como ella. Pero cada vez que lo intentaba, fallaba. En vez de una deliciosa bola dorada y redonda, me salía una masa chata y aceitosa. Al final la llamé y le pregunté en qué podría haberme equivocado. Le leí la lista de ingredientes y ella se rió. Me había olvidado del bicarbonato. Cuando le pregunté qué cantidad debía usar, me contestó, de manera críptica, que me daría cuenta yo solo. Viendo que no añadir bicarbonato había resultado en un fracaso, deduje que usar un poco sería bueno, y que usar mucho sería aun mejor. Así fue como añadí bicarbonato en abundantes cantidades. La masa creció hasta convertirse en un revoltijo pesado e incomible. Se parecía más a una pelota de fútbol que a las pequeñas bolitas que solía comer con placer. En mi siguiente intento usé menos bicarbonato y las bolitas salieron mejor. Seguí tratando hasta que me salieron como yo quería y con el mismo sabor que las bolitas de huevo de mi madre —y ahora las mías—. Yo sabía cómo debía ser el producto final, pero no tenía una idea clara de cómo lograrlo. (DJG)

En el libro *Los siete hábitos de la gente altamente efectiva*, Stephen Covey dice que uno de los siete hábitos es "empezar con un fin en mente". Covey asegura: "Empezar con un fin en mente significa comenzar con una clara comprensión de su destino. Significa saber hacia dónde se está yendo, de modo que se pueda comprender mejor dónde se está, y dar siempre los pasos adecuados en la dirección correcta". Cualquier cocinero podría decirte que esta es la clave al seguir una receta y lograr un plato para chuparse los dedos. Teniendo en mente este buen consejo, comenzaremos a explorar la misa, no con los Ritos Iniciales, sino con un vistazo rápido al final de la misa para que podamos nosotros también comprender con claridad cuál es el destino y los pasos que debemos seguir para llegar allí.

No es casualidad que la palabra *misa* provenga del Rito de Conclusión de la liturgia. En latín las palabras de despedida son *Ite! Missa est!*, que significa "Vayan, pueden marcharse". La palabra *misa* viene claramente del latín *missa*. A decir verdad, empezamos con un fin en mente. Al término de la misa se nos despide con una de las siguientes fórmulas:

- Podéis ir en paz.

- La alegría del Señor sea nuestra fuerza. Podéis ir en paz.

- Glorificad al Señor con vuestra vida. Podéis ir en paz.

- En el nombre del Señor, podéis ir en paz.

Nosotros respondemos: "Demos gracias a Dios".

Sea cual fuese la fórmula utilizada, el mensaje es el mismo: ¡Debemos irnos! ¡No podemos quedarnos! Se nos ordena que marchemos. La clave para entender y vivir la misa se halla en las palabras del final. Por lo tanto, y empezando con un fin en mente, exploraremos la manera en que el Rito de Conclusión de la misa arroja luz sobre el destino a donde debemos llegar y sobre cómo cada parte nos puede guiar en la dirección correcta.

¿Qué nos pide el Bautismo que hagamos?

Al final de la misa el sacerdote o diácono dice: "Pueden ir en paz". Está claro que se nos envía a hacer algo. Se nos envía a hacer todas las cosas que hizo Jesús. En realidad, ser seguidores de Jesús significa ser personas de acción. A lo largo de los Evangelios Jesús resalta una y otra vez que ser discípulo significa *hacer*.

- "Les aseguro que lo que no hicieron a uno de estos más pequeños no me lo hicieron a mí" (Mateo 25:45).

- "[Porque] el que haga la voluntad de Dios, ése es mi hermano, mi hermana y mi madre" (Marcos 3:35).

- "¿Por qué me llaman: ¡Señor, Señor!, si no hacen lo que les digo?" (Lucas 6:46).

- "Les aseguro: quien cree en mí hará las obras que yo hago, e incluso otras mayores" (Juan 14:12).

- "Ustedes son mis amigos, si hacen lo que yo les mando" (Juan 15:14).

Más aún, en la última Cena, cuando Jesús instituyó la Eucaristía, el Señor se levantó de la mesa, lavó los pies de los apóstoles y les dijo: "Les he dado ejemplo para que hagan lo mismo que yo hice con ustedes" (Juan 13:15). Aunque al principio Pedro no lo comprendió en su totalidad, el mensaje es claro para nosotros: Seguir a Jesús implica acción. Solo nos hace falta escuchar las palabras "¡Pueden ir!".

Y, de hecho, al final de la misa se nos dice que podemos "ir". Si bien podemos quedarnos después de misa para compartir unos momentos con los demás fieles, se nos instruye a que salgamos de ahí. La labor allí está cumplida. No nos bautizaron para pasar todo el tiempo en la iglesia. En cambio, las responsabilidades que aceptamos tomar como miembros de la iglesia deben continuar en el mundo, fuera de las puertas de la iglesia. Es tarea de los laicos de la congregación compartir lo que les ocurrió para revelar la presencia de Dios en el mundo. Ese mundo está en todas partes, incluyendo en nuestros hogares, barrios, comunidades y lugares de trabajo. "Ir" significa dejar la seguridad y protección del santuario. Significa incorporar la Palabra de Dios y salir a proclamarla, en hechos y en palabras, a quienes no son tan receptivos en oírla o experimentarla. A los cristianos se les hace un llamado a "ir". Es la única manera en que Jesucristo puede llegar a aquellos que no nos acompañan en la adoración y la oración. Como muchos eligen no participar con nosotros en la adoración, entonces nosotros debemos ir a ellos, en vez de esperar a que ellos vengan a nosotros.

Pero no se nos despide así como así. Se nos dice: "Pueden ir *en paz*" (enfáticamente). Se nos dice que vayamos llevando aquello que recibimos y compartimos con los demás asistentes a misa: la paz del Señor Jesucristo. ¿Qué significa la frase "Pueden ir en paz"? Está claro que no estamos en paz si tenemos conflictos con los demás. No hay paz si los malos pensamientos nos distraen. No podemos hallar esa paz con la que tenemos que irnos de la iglesia si estamos enojados o amargados, si desconfiamos o, lo que es peor, criticamos. La misa nos hace un llamado a empezar por estar en paz con nosotros mismos. Si bien todos fallamos y pecamos, la misa nos invita a dejarlo todo a los pies de nuestro amoroso Dios, que muy gustosamente nos dará la paz. La misa nos invita a dejar de lado nuestros pecados y la culpa que sobreviene para que podamos estar en paz.

Estar en paz no significa que nos vamos de la iglesia sin preocupaciones, sino que logramos aceptar cualquier duda pendiente, incluso después de que termine la celebración. Recordamos que no puede haber fe verdadera sin ocasión de dudar. La *paz* no se traduce en la ausencia de problemas o en la certeza en todas las cosas. La falsa certeza conduce a la arrogancia, lo cual nos lleva a ser críticos con cualquiera que no concuerde con nosotros. Esto, de más está decir, no nos conduce a la paz, sino que podemos llegar a lastimar a los demás.

"Ir en paz" significa mucho más que solo estar en paz con uno mismo. La misa también nos envía a "ir en paz" con

los demás. Al andar en paz, entonces compartimos esa paz
con otros, pues el estar en paz con uno mismo facilita en
gran medida que estemos en paz con los demás. La Palabra
de Dios que se proclama en la misa nos desafía a dejar de lado
todo aquello que nos separa de los demás: celos, amargura
y prejuicios. Si bien entramos a la iglesia con esas cargas, se
nos hace un llamado a que se las entreguemos al Señor y no
volvamos a juntarlas cuando nos vayamos. "Ir en paz" significa que nos vamos visiblemente transformados. Cuando el
mundo trata de poner brechas entre nosotros y el prójimo,
la misa nos pide llevar reconciliación a aquellos cuyas vidas
están quebrantadas y en estado de caos. Se nos envía a vivir
en paz con los demás, y esa paz ha de manifestarse en lo
que hablamos y en nuestras reacciones, en la ayuda a otros,
en nuestros actos, y en donde esa paz no es visible: nuestras
actitudes y sentimientos, pensamientos y deseos. Se nos hace
un llamado a que llevemos paz a toda la creación de Dios.

> Un domingo cuando nos íbamos de la iglesia, mi hija
> Amy, que tenía cinco años, preguntó: "¿Dónde puedo
> conseguir algo de paz?". Ni mi esposa ni yo entendimos
> lo que quiso decir, así que le pedimos que explicara la
> pregunta. "Cuando ustedes van hacia el sacerdote y él
> les da la paz. . . ¿dónde puedo yo conseguirla?" Estaba
> hablando de la Sagrada Comunión. Como es habitual
> en los niños de esa edad, ellos desean participar en lo
> que los adultos hacemos. Amy veía que íbamos al sa-
> cerdote para "conseguir" algo. Para ella, ese algo era
> "paz". Amy escuchó estas frases: "La paz del Señor esté
> siempre con ustedes", "Dense fraternalmente la paz",
> "Danos la paz" y, por supuesto, "Pueden ir en paz", así

que llegó a la conclusión de que esa "paz" de la que se hablaba era algo que se nos daba cuando nos acercamos para la Sagrada Comunión. En esencia, Amy tenía razón: cuando recibimos el Cuerpo y la Sangre de Jesús, abrimos los corazones a la presencia real de Jesús, el Príncipe de Paz. Ya de muy niña, Amy entendió lo que aquella calcomanía de parachoques decía "Sin Jesús no hay paz. Conozca a Jesús, conozca la paz". (JSP)

Las palabras *Pueden ir en paz* no son solo para que asintamos con la cabeza por estar de acuerdo con ellas en teoría. En sentido literal, la frase "Pueden ir en paz" encierra un desafío impresionante. Cuando reflexionamos sobre el significado de esas palabras, nos damos cuenta de hasta qué punto la misa puede llegar a transformarnos. Empezamos a darnos cuenta de que, a causa del Bautismo, como cristianos se nos hace un llamado a ser diferentes. Se nos hace un llamado a ser santos; según las palabras de la epístola de Pedro, "una nación santa y pueblo adquirido". Ahí es cuando nos damos cuenta de que "ir en paz" significa mucho más que irnos de la iglesia con una sensación placentera. Significa que nos vamos con la intención de que la paz ocurra en nuestra vida personal y en todo lo que acontece a nuestro alrededor.

En la misa también se dice: "Glorifiquen al Señor con su vida. Pueden ir en paz". No somos simples humanistas con el impulso de ser amables solo con nuestros hermanos y hermanas. La paz que proclamamos es en el nombre del Señor, que no es un Dios lejano y castigador ni una deidad panteísta que se esconde detrás de los arbustos. Jesucristo se hizo carne, vivió entre nosotros, murió por nuestros pecados, resucitó de entre los muertos y abre las puertas del cielo para todos nosotros. En el Credo proclamamos con orgullo nuestra fe en un Dios trino: el Dios que nos creó, que vivió entre nosotros y nos redime, y el Dios que experimentamos en lo más profundo de nuestro ser. Este es el Dios al cual amamos, servimos y llevamos con nosotros cuando nos vamos de la iglesia. Este es el Dios en cuyo nombre se nos envía.

La naturaleza misma de Dios es relacional, así es que nosotros nos relacionamos con él. Por eso se nos instruye a ir en paz glorificando al Señor en nuestra vida. La mejor manera de hacerlo es no solo con palabras, sino también con hechos. Todos sabemos que el amor es más que palabras: es algo que promueve la acción. La misa nos hace un llamado a que amemos a Dios reaccionando contra la injusticia, la violencia, la guerra, los prejuicios, es decir, contra todo aquello que se interponga en el amor hacia otros. También tenemos que hacer esas pequeñas cosas que refuerzan las relaciones con quienes nos rodean. Y también somos responsables de ser parte de la familia humana. En un nivel más global, el amor nos hace un llamado a cumplir responsabilidades que no podemos ignorar. Salimos a participar del ministerio sacerdotal de Jesús, a presentar a Jesús ante el mundo. Salimos a participar del ministerio de Jesús como profeta, a hablar en nombre de los oprimidos y llevar esperanza a los desesperados. Salimos a participar del ministerio de Jesús como rey, sirviendo y protegiendo a los desprotegidos que viven en el mundo y satisfaciendo las necesidades de los demás y, de hecho, las necesidades de toda la creación. Salimos reconociendo que Jesús está presente no solo en el pan y el vino, sino "en los pobres, los enfermos, los presos" (*Catecismo de la Iglesia Católica*, 1373).

Por último, se nos dice: "Glorifiquen al Señor con su vida". La mejor manera de lograrlo es sirviendo a los demás. No se trata de nosotros. No podemos irnos de la iglesia con nuestros propios intereses y hacer las cosas a nuestro modo. Servimos y glorificamos a Dios, no a nosotros. Debemos tomar la senda de Dios, hablar las palabras de Dios y hacer las obras de Dios. Debe hacerse la voluntad de Dios. Después de todo, inmediatamente antes de la Comunión oramos: "hágase tu voluntad" en el Padrenuestro. Se nos envía a hacer lo que Dios nos pide, con su bendición. Una vez más, esta no es tarea sencilla, pues glorificar al Señor con nuestra vida significa servir al prójimo. Glorificar al Señor con nuestra vida es algo que hacemos no solo en la iglesia sino, sobre todo, en nuestros hogares, barrios y lugares de trabajo. Para complicar las cosas, con bastante frecuencia la voluntad de Dios corre en dirección opuesta a los instintos humanos, no importa cuán nobles nos parezcan. La voluntad de Dios puede resultar también misteriosa y hasta algo loca. Aquí es donde entra en juego la fe. Se necesita fe para glorificar al Señor mediante nuestro servicio. Se necesita mucha fe para reaccionar de manera contraria a lo que otros esperan, una manera que puede terminar aislándonos y haciéndonos quedar como distintos o extraños. Es en esos momentos de dolorosa soledad que necesitamos recordar que no estamos solos. La misa fortalece la fe gracias a la comunión con Jesús y con nuestros hermanos y hermanas. Jesucristo, a quien tomamos en nuestros corazones y almas en la Eucaristía, camina a la par nuestra. Y todos aquellos con los que compartimos la señal de la paz de Cristo pelean la misma batalla y luchan de la misma manera. La misa nos ayuda a vencer el aislamiento y nos prepara para reconocer que muchos otros, a causa de su fe, pelean la misma batalla. Y "si Dios está de nuestra parte, ¿quién estará en contra?" (Romanos 8:31). Jamás estaremos solos.

Dicho todo esto, cuando se nos dice "Pueden ir en paz", nuestra única respuesta debe ser un fuerte "Demos gracias a Dios". Con estas palabras estamos haciendo más que agradecer a Dios por lo que hemos experimentado momentos antes. Del mismo modo, no estamos agradeciendo a Dios porque se terminó la misa, como harían los aliviados padres de un niño de dos años que soportó la liturgia a fuerza de cereales, algunos libros de cuentos ilustrados y viajes al baño. Cuando decimos "Demos gracias a Dios", estamos agradeciendo a Dios por la fe que nos trajo a misa y por todos aquellos que compartieron esa fe: desde los santos hasta los seres queridos que ya partieron, todos a quienes recordamos en misa. Durante dos milenios las personas de fe se han reunido para celebrar la Eucaristía. Seguimos haciéndolo hoy en día, en unión con todos ellos.

Sobre todas las cosas, cuando decimos "Demos gracias a Dios", demostramos nuestro agradecimiento por la confianza que Dios pone en nosotros para ser la presencia amorosa de Cristo en el mundo. Nos llamamos a nosotros mismos "cristianos". Cristo vive y obra en nosotros y a través de nosotros, el pueblo de Dios. Nos complace ser llamados a la Cena del Cordero, que nos prepara a "ir en paz". Cuando decimos "Demos gracias a Dios", estamos agradeciendo a Dios desde el fondo de nuestro corazón y con alegría que la misa haya llegado a su fin y que podamos irnos de la iglesia con un compromiso renovado de hacer del amor y la paz de Dios una realidad en nuestros círculos de influencia. Es como si fuésemos atletas en el punto de partida que, después de meses de entrenamiento, esperan que la carrera comience. Todo ha conducido a este momento. Ahora daremos lo mejor de nosotros. Veremos qué podremos hacer y nos prepararemos para cualquier cosa que se interponga en el camino. Dios nos ha liberado de servir a otros "amos" que en otro momento tuvieron cabida en nuestra vida. Somos libres de hacer aquello para lo que en verdad fuimos creados: glorificar al Señor viviendo en amor y sirviendo a los demás.

Teniendo en mente el fin de la misa, podemos ahora volver al inicio y comenzar por la entrada de nosotros, la comunidad de fieles, a la iglesia —ya sea una catedral de Europa, un galpón de alguna misión o nuestra parroquia local— y empezar la celebración de la Eucaristía, nuestra sagrada liturgia.

■ ■ ■

El mundo desea la paz, el mundo necesita la paz. La paz no es una utopía, ni un ideal inaccesible, ni un sueño irrealizable. La guerra no es una calamidad inevitable. La paz es posible. Y porque es posible, la paz es un deber. Un deber muy grande. Una responsabilidad suprema.

Beato Juan Pablo II, Papa
Mensaje a la II Sesión Especial de la ONU sobre el desarme
7 de junio de 1982

2

De las personas a la comunidad

Los Ritos Iniciales

Un Jueves Santo estaba al lado de Joan, una maestra escolar de alrededor de cincuenta años y que nunca se había casado, haciendo la fila en la cena de cooperación. Mientras conversábamos, le comenté que la parroquia tenía la idea de ofrecer una cazuela de atún para la cena del Viernes Santo. —¡Estupendo! —dijo sin titubear—. ¡Podré comer dos días seguidos en compañía de otros! Nunca se me había ocurrido que muchas personas, al igual que Joan, comían solas todos los días. Como yo crecí en una familia de nueve hijos y más tarde comencé a pasar mis días con mi esposa y mis dos hijos, eran raras las ocasiones en que comía solo. Me puse a pensar que muchos de nosotros hacemos todo lo posible por estar solos y apartados y por mantener la individualidad. Nos ponemos auriculares para abstraernos del mundo y tenemos televisores en cada cuarto para disfrutar de un tiempo a solas. Cuando viajamos en tren o vamos al cine deseamos que nadie ocupe el asiento

contiguo para poder disfrutar el espacio libre. Hacemos
todo lo posible para evitar el contacto con los demás.
Debemos ser cuidadosos con lo que deseamos, pues es
posible que obtengamos justamente eso. (JSP)

Somos llamados a "ir en paz", no como si fuésemos "llaneros
solitarios", sino como miembros de una comunidad. Vamos
con una convicción de pertenencia. Vamos con una convicción de altruismo y de hospitalidad. Vamos considerando a
los demás como hermanos y hermanas, no como extraños o
rivales. ¿Cómo llegamos a tal punto? El hecho es que desde el
momento en que entramos a la iglesia para celebrar la misa se
nos invita —es más, se nos desafía— a dejar atrás nuestro individualismo, que es algo a lo que no estamos acostumbrados.

El individualismo como tal no es algo malo, pero si
no se controla, puede resultar en narcisismo. La soledad es
algo necesario, pero el narcisismo hace que miremos tanto
hacia nosotros mismos que terminamos volviéndonos débiles.
Aunque el narcisismo es un trastorno de la personalidad, es
también un mal social. A diario nos bombardean los mensajes
de distintas fuentes que nos alientan a buscar la gratificación
propia. Seamos o no conscientes de ello, nos obsesionamos
tanto con nosotros mismos que llegamos al punto de excluir a
los demás. Esto conduce al pecado del aislamiento.

Esa actitud narcisista fue la perdición de Adán y Eva.
La serpiente tentó a Adán y a Eva con un egocentrismo obse-
sivo; en esencia, les dijo: "No se preocupen por Dios ni por
ninguna otra cosa, sino piensen en ustedes mismos". En el
desierto Jesús mismo fue tentado a que satisficiera sus propias necesidades en vez de las de los demás. Y una vez más,

en Getsemaní, Jesús fue tentado a vivir según el credo que dice "hágase mi voluntad" en vez de aquel que dice "hágase tu voluntad". Las actitudes narcisistas, que son una forma de idolatría, nos tientan a ofrecer lealtad a una cantidad de cosas que creemos gratificantes. Sea lo que sea, el narcisismo, por su naturaleza misma, está condenado al fracaso.

La misa es la solución a este narcisismo que domina nuestra sociedad.

Los Ritos Iniciales de la misa nos invitan y nos animan a ingresar a una comunidad y a aceptar la realidad de que "no se trata solo de mí". Si bien solemos cruzarnos con desconocidos en estaciones de trenes, aeropuertos, supermercados y centros comerciales, entramos a la iglesia saludando y siendo saludados, incluso si no conocemos a nadie o si nadie nos conoce. Nos encontramos ante una hospitalidad que sugiere: *No estás solo aquí. Eres parte de una comunidad.* Esta hospitalidad nos enseña que la dignidad no tiene su origen en ser un mero individuo, sino en relacionarnos como hermanos y hermanas.

Se suele hablar de los Ritos Iniciales de la misa como ritos de reunión. Esta reunión, no obstante, se da en dos niveles. Por un lado, hay una reunión de personas en una comunidad. En la *Instrucción General del Misal Romano* (2007) dice: "En la misa, o Cena del Señor, el pueblo de Dios es convocado y reunido" (27). Más adelante dice que "en la celebración de la misa [. . .] Cristo está realmente presente en la misma asamblea congregada en su nombre" (27). La misa es una oración "comunitaria", no una devoción individual. Participar en los cantos, en los diálogos entre el sacerdote y los fieles, en las aclamaciones, gestos, respuestas, posturas e incluso el silencio compartido "no son sólo señales exteriores de una celebración común, sino que fomentan y realizan la comunión entre el sacerdote y el pueblo" (34). En esencia, los Ritos Iniciales de la misa nos dicen que no reconoceremos la presencia de Jesús en el pan y el vino si primero no reconocemos su presencia en los que están reunidos con nosotros mientras nos preparamos para celebrar la misa.

> Bruce es diácono de la parroquia de St. Ailbe, una comunidad afroamericana de clase media en Chicago. Yo fui docente de Bruce cuando él hacía el programa de formación de diáconos. También había sido docente de otras personas de St. Ailbe que fueron parte de los programas de ministerio laico y formación de catequistas. Un día me encontré con Bruce y nos invitó a mí y a mi familia a ir a misa en St. Ailbe. Meses más tarde acepté la invitación y convencí a mi esposa e hijos para que me acompañaran. Sin lugar a dudas se sintieron algo incómodos de ir a una iglesia donde no conocían a nadie. En cuanto pisamos la iglesia de St. Ailbe, Bruce vino corriendo hacia nosotros y me abrazó para darme la bienvenida a la parroquia. Hizo lo mismo con mi esposa e hijos, a quienes no conocía. Mi familia se quedó estupefacta: ellos no entendían cómo era posible que un "extraño" fuese tan efusivo en la bienvenida. Es más, ¡estaban realmente contentos! Un minuto después, el pastor, el Padre John, corrió por el vestíbulo y nos saludó de la misma manera, con fuertes y calurosos abrazos. Unos metros más adelante me encontré con personas a las que había enseñado en los programas de ministerio laico y formación de catequistas. Más abrazos. Cuando nos dirigíamos a nuestro banco, se acercó uno de los alumnos de mi esposa de la escuela secundaria

católica donde ella daba clases y le dio un abrazo. Antes de sentarnos, habíamos saludado —y nos habían saludado— al menos doce personas. Más tarde, mientras regresábamos a casa, comentamos lo irónico de que nos hubieran saludado con más calidez estando de visita en otra parroquia que en nuestra propia parroquia, donde a menudo vamos y venimos sin que nadie lo note. (JSP)

Como dijimos antes, la reunión sucede en dos niveles. En un nivel, nos reunimos para hacer comunidad. Algunas iglesias, como la de St. Ailbe, por ejemplo, reconocen que tal reunión es más que una simple formalidad: es un ejemplo de discipulado. No obstante, en otro nivel, esa reunión debe reflejarse de algún modo en nuestro interior. Cuando llegamos a la iglesia para escuchar la misa, tenemos que tomarnos algo de tiempo para "reunir" nuestros pensamientos, nuestros sentidos y, por supuesto, nuestro ser. En la parroquia donde concurro con mi esposa un comentarista saluda a la asamblea, lee los anuncios de la semana y dice: "Tomémonos unos minutos para concentrarnos y recordar que estamos en presencia de Dios". Durante los sesenta a noventa segundos que siguen hay un silencio que continúa hasta que empieza el himno inicial —un silencio que nos permite enfocarnos espiritualmente en ambos niveles—. Para que esto ocurra, es importante llegar más temprano a la iglesia, en primer lugar para tener tiempo de saludar a la gente y de que nos saluden y en segundo lugar para arrodillarnos o permanecer sentados en reflexión silenciosa. Esto nos permite conectarnos mejor con nuestros pensamientos y comenzar el proceso de volver a poner la atención en Dios y en nuestros hermanos y hermanas en vez de en nosotros. El propósito de los Ritos Iniciales es juntar a las personas en comunión y también prepararnos para escuchar atentamente la Palabra de Dios y celebrar la Eucaristía dignamente. A menos que tomemos un tiempo para hacerlo, permanecemos enfrascados en nuestras preocupaciones. A menos que tomemos unos minutos para que ese recogimiento personal tenga lugar, corremos el peligro de mantener una actitud narcisista, es decir, de permanecer obsesionados con nosotros mismos y dejar de lado a los demás.

Las distintas partes de los Ritos Iniciales nos ayudan a comenzar esta transformación. Una vez que nos hemos ubicado en nuestros lugares y que hemos dedicado algunos minutos en silencio para el recogimiento interior, se nos saluda formalmente y se nos invita a concentrarnos en el misterio de la fiesta o tiempo litúrgico que celebramos. Esto se lleva a cabo con un canto de entrada o una breve introducción que lee algún comentarista. El canto de entrada será un canto litúrgico apropiado. Por desgracia, algunos nos abstenemos de cantar en misa. Creemos que por no tener una voz como la de alguna soprano o algún tenor famoso debemos permanecer callados. No obstante, el resultado es que terminamos apartándonos del resto de la comunidad. Creemos erróneamente que por cantar estamos llamando la atención, cuando, en realidad, no cantar indica que estamos poniendo la atención en nosotros mismos. Jamás pensaríamos ir a una fiesta de cumpleaños y no cantar el "Cumpleaños Feliz". Cantar nos ayuda a congregarnos con nuestros hermanos y hermanas. Al unir las voces empezamos a unir los corazones con los de los demás. Cantar también ayuda al recogimiento interior, pues la letra de los himnos nos invita a concentrarnos en las obras de Dios por las que nos reunimos para agradecerle. Cantar nos prepara para abrirnos hacia todo lo que Dios nos ofrece.

La procesión de entrada también nos ayuda a reunirnos como comunidad. Un buen modo de entender la procesión de entrada es compararla con un desfile. Para muchos un desfile es algo digno de ver. Si bien muchos no andan a la par de los que desfilan, participan como espectadores y alientan a los que desfilan. ¿Por qué? Porque los desfiles suelen celebrar una victoria. Tienen su origen en las conquistas militares. Cuando un ejército triunfante regresaba a su patria, marchaba como si estuviera recreando la batalla que había ganado y les daba a todos la oportunidad de participar en una marcha hacia la victoria. Al frente, el portaestandarte proclamaba con orgullo la identidad de los victoriosos.

En esencia, la procesión de entrada en la misa es un desfile santo, una marcha victoriosa. No nos uniremos a la procesión, pero cada uno de nosotros, en virtud de nuestra presencia, nuestra atención y participación en el canto de victoria que acompaña la procesión, es parte de esta marcha hacia la victoria. Al frente de este desfile santo marcha el portaestandarte con la cruz, el símbolo que nos identifica: seguidores de Jesucristo. Y del mismo modo que se levanta un trofeo para que lo vean todos cuando en una ciudad se celebra una victoria, la cruz es nuestro trofeo, el trofeo de Dios, que simboliza su victoria sobre el pecado y la muerte. Basta mirar, por ejemplo, a los fanáticos cuando el equipo triunfador llega a la ciudad con la copa Stanley, el trofeo de la Liga Nacional de Hockey Estadounidense. No solo aclaman, sino que hacen lo posible para tocarla e incluso besarla cuando la copa pasa por las calles de la ciudad. ¿Cómo te sientes cuando la cruz victoriosa pasa por el pasillo en la misa? La procesión de entrada es la marcha de victoria de la misa.

En nuestra vida diaria, vivir la misa significa que debemos vivir cada día como pueblo victorioso, no porque hayamos hecho algo al respecto, sino porque tenemos un Dios que nos ama y que derrotó el pecado y la muerte, y que desea compartir esa victoria con nosotros gracias a su gran misericordia.

La cruz, sostenida en alto por un monaguillo, encabeza la procesión y nos invita a concentrarnos en el desinteresado acto de amor de Jesús. Los cirios, también llevados por los monaguillos, iluminan el camino para que reconozcamos la presencia de Jesús entre nosotros y en aquellos que están con nosotros reunidos. Con reverencia, un lector o diácono lleva el *Evangeliario*, lo cual nos recuerda aclarar la mente para que seamos sinceramente receptivos a la Palabra de Dios. El sacerdote, como líder de la asamblea, simboliza la unidad de todos aquellos congregados en nombre de Cristo. El lento movimiento de la procesión que avanza hacia el santuario nos recuerda que estamos todos juntos en este viaje, avanzando hacia el Señor. Cuando el sacerdote y sus ministros se inclinan ante el altar y el sacerdote y diácono lo besan, se nos recuerda que estamos reunidos alrededor de una mesa. A diferencia de un restaurante, donde podemos obtener un lugar reservado para nosotros solos, esta comida, que se parece más a un banquete, nos llama a reunirnos alrededor de una sola mesa. Cuando ya estamos ubicados y terminamos de cantar, el sacerdote y todos los congregados hacen la señal de la cruz con la mano derecha, desde la frente ("En el nombre del Padre. . .") hacia el pecho ("y del Hijo. . .") y después del hombro izquierdo hacia el derecho ("y del Espíritu Santo. Amén"). Este antiguo gesto cristiano recuerda a los bautizados que estamos sellados en Cristo, que le pertenecemos y que todo lo que hacemos debe ser en nombre de Dios.

Sacerdote: En el nombre del Padre, y del Hijo,
   y del Espíritu Santo.
Pueblo: Amén.
Sacerdote: La gracia de nuestro Señor Jesucristo,
   el amor del Padre
   y la comunión del Espíritu Santo
   estén con todos vosotros.
Pueblo: Y con tu espíritu.

No nos reunimos en nuestro nombre, sino "en el nombre del Padre, y del Hijo, y del Espíritu Santo". El sacerdote saluda formalmente a los presentes. Si bien antes de que comenzara la misa compartimos una breve charla y algunas cortesías con los demás fieles, ahora se nos saluda con lenguaje ritual, con palabras que se utilizaban en la iglesia desde que San Pablo las usó por vez primera en una epístola para saludar a la comunidad de creyentes en Corinto (véase 2 Corintios 13:13). Este lenguaje ritual, lejos de ser rígido o estirado, nos ayuda a darnos cuenta de que somos parte de algo mayor que nosotros.

Este saludo ritual es mucho más que decir simplemente "¡Hola!". Es más un deseo que un saludo. En este aspecto, se puede comparar a cuando alguien decía "Que la Fuerza te acompañe" en la película *La guerra de las galaxias*. Estas palabras se pronunciaban cada vez que alguien iba a emprender alguna tarea difícil y trascendental. Del mismo modo, ese intercambio de frases con el sacerdote: "El Señor esté con ustedes. **Y con tu espíritu**" representa el deseo nuestro y del sacerdote de que estemos llenos de la gracia necesaria para emprender esta trascendental tarea de celebrar la misa. Además, compartiremos este intercambio tres veces más durante la misa: cuando nos preparamos para escuchar el Evangelio, cuando comenzamos la Plegaria Eucarística y cuando nos retiramos. En cada uno de estos momentos estamos en el umbral de una tarea trascendente para la cual necesitamos de la gracia de Dios.

Además, al utilizar el lenguaje universal de las palabras rituales, es decir, palabras que otros creyentes en otros lugares también comparten, el sacerdote evita toda tentación de ponerse él en el centro de la atención, ¡una tentación que sobreviene cuando a alguien se le da un micrófono! Cuando saluda a la asamblea de esta manera, el sacerdote invita a cada persona a participar en el ritual de la misa, un ritual que nos moldea y nos convierte en una comunidad.

A primera vista quizás pensemos que el sacerdote quiere llamar la atención con esas prendas especiales que luce, llamadas vestiduras sagradas. El propósito de estas vestiduras rituales, sin embargo, es justamente lo contrario. Las vestiduras cubren la identidad individual del sacerdote y enfatizan su función como sacerdote de la comunidad allí congregada. El propósito de las vestiduras es ocultar la individualidad del sacerdote y dirigir la atención de la congregación hacia Cristo, en cuyo nombre el sacerdote sirve. Como líder de la asamblea, el sacerdote nos recuerda que, en el Bautismo, todos recibimos una vestidura para usar como símbolo de que estamos revestidos en Cristo. Aunque no luzcamos esa vestidura en misa, cada vez que entramos a la iglesia y mojamos los dedos en el agua bendita recordamos que debemos disminuir para que Jesús crezca.

Los Ritos Iniciales de la misa comienzan un proceso de conversión. Gracias a que aceptamos y ofrecemos hospitalidad, a que tomamos el tiempo para el recogimiento, a que nos unimos en el canto, a que observamos la procesión que simboliza nuestro viaje junto con los demás fieles en la fe, a que reconocemos que nos reunimos alrededor de una mesa, a que comenzamos —no en nombre propio sino en nombre de la Santísima Trinidad— y a que saludamos y somos saludados por el sacerdote con lenguaje ritual, abrimos las puertas a un cambio en el corazón y en la mente. Se nos llama a esta conversión semanal, la cual nos invita a dirigir la atención hacia otros, no hacia nosotros. Somos conscientes de que no estamos solos, sino que compartimos este tiempo y este espacio con otros. Mientras tiene lugar este proceso, somos conscientes de que nuestras actitudes narcisistas pueden haber lastimado a otros. Si en lo único en que nos concentramos es en nosotros, corremos el riesgo de no llegar a reconocer la presencia de Dios en los demás. No es casualidad que, inmediatamente después de saludar y ser saludados, la misa nos invite a dirigir la atención a nuestra necesidad de buscar el perdón.

Los otros seis días de la semana

Con respecto a la vida cotidiana, los Ritos Iniciales de la misa nos invitan y nos desafían a

- tomar a diario unos momentos para el recogimiento y la oración;

- ofrecer hospitalidad en nuestro trabajo, en la calle, así como en nuestros hogares y comunidades;

- proteger la necesidad de soledad y privacidad, y a la vez permanecer alertas a la tentación de ser individualistas;

- reconocer la dignidad de los demás, también creados a imagen de Dios;

- invitar a otros a caminar con nosotros en este viaje y ofrecer a otros caminar con ellos en su viaje;

- vencer las actitudes narcisistas y concentrarnos en las necesidades de los demás;

- buscar a quienes están solos (sobre todo en las comidas) y ofrecerles nuestra compañía.

■ ■ ■

Como el cuerpo, que siendo uno, tiene muchos miembros, y los miembros, siendo muchos, forman un solo cuerpo, así también Cristo. Todos nosotros, judíos o griegos, esclavos o libres, nos hemos bautizado en un solo Espíritu para formar un solo cuerpo, y hemos bebido un solo Espíritu. El cuerpo no está compuesto de un miembro, sino de muchos. Si el pie dijera: Como no soy mano, no pertenezco al cuerpo, no por ello dejaría de pertenecer al cuerpo. Si el oído dijera: Como no soy ojo, no pertenezco al cuerpo, no por ello dejaría de pertenecer al cuerpo. Si todo el cuerpo fuera ojo, ¿cómo oiría?; si todo fuera oído, ¿cómo olería? Dios ha dispuesto los miembros en el cuerpo, cada uno como ha querido. Si todo fuera un solo miembro, ¿dónde estaría el cuerpo? Ahora bien, los miembros son muchos, el cuerpo es uno. No puede el ojo decir a la mano: No te necesito; ni la cabeza a los pies: No los necesito.

1 Corintios 12:12–21

3

Una sana dosis de humildad

El acto penitencial

Cuando estaba en primer año de la escuela secundaria, era bastante ligero de lengua y, para peores males, me faltaba una buena dosis de sentido común. Una vez hice llorar a un compañero de clase con mis constantes burlas; empecé a llamarlo "el niño mimado de los profesores" porque el profesor de gimnasia lo llevaba y lo traía de la escuela todos los días. No era de extrañar que un viernes por la tarde me dijeran que debía presentarme en la oficina de educación física el lunes siguiente por la mañana. Me di cuenta de que había hecho algo realmente malo; en consecuencia, comencé como loco a descubrir la manera de cubrirme las espaldas. ¿Lo negaría todo? ¿Culparía a otra persona? ¿Diría que lo hice para divertirme? Con desespero imaginé las mil maneras de librarme del problema que había causado. Y me sentí peor cuando me enteré de que el entrenador iba a buscar a este muchacho a un orfanato y lo llevaba de vuelta después de clase pues no tenía otra manera de ir y volver del colegio. Temiendo lo que podría suceder el lunes por la mañana y muy necesitado de apoyo, acudí a mis tres hermanos mayores para que me aconsejaran. Después de que me obligaron a admitir que me había comportado como un verdadero imbécil, me dieron tanto el consejo como el apoyo que realmente necesitaba. Me dijeron que fuese a la oficina del entrenador y que, antes de que dijera algo que ambos podríamos lamentar, debería mirarlo a los ojos y decir estas cinco cosas: que hice lo incorrecto; que lo que había hecho no tenía excusa; que merecía el castigo que recibiera, sea cual fuere; que enmendaría las cosas con él y con el alumno al que había lastimado y que jamás volvería a hacerlo. Después debía bajar la cabeza y no pronunciar palabra alguna hasta que el profesor terminara de hablarme. Sin excusas. Sin ruegos. Debía ponerme a su entera merced. Dijera lo que me dijera el profesor, yo debía agradecerle y retirarme. Me di cuenta de que no tenía más alternativa que seguir al pie de la letra el consejo de mis hermanos. Tenían razón. El entrenador no me reprendió, pero sí manifestó su desilusión conmigo y me dijo que tenía muchas cosas que aprender. Cuatro años más tarde, el día de la graduación, admitió que estuvo a punto de hacerme expulsar. Pero mi actitud de penitencia lo tomó totalmente desprevenido, al punto de olvidarse de imponerme algún castigo. Es asombroso ver que una disculpa sincera sea capaz de lograr tal humildad o tener tal impacto en la vida de alguien. (DJG)

Cuando nos preparamos para "ir en paz", nos vamos con una sensación de humildad. Nos vamos sabiendo que nos pusieron "en nuestro lugar", que nos recordaron de nuestra fragilidad y que somos conscientes de la gran misericordia de Dios, lo cual nos fortalece. No nos vamos con una actitud santurrona, pero sí con la certeza de que somos pecadores sanados por la misericordia de Dios. Nos marchamos cargando todos nuestros defectos y deseosos de compartir la misericordia de Dios con un mundo quebrantado. Pero ¿cómo llegamos a ello? Es el acto penitencial de la misa lo que nos ofrece esa sana dosis de humildad. Por medio del acto penitencial nos preparamos a celebrar los sagrados misterios de la misa, reconociendo nuestras fallas y pidiéndole perdón y fuerzas a Dios.

Como resultado de la procesión de entrada, nos hallamos cara a cara con Dios, que nos inunda de amor y misericordia abrumadora. Es por ello que no podemos sino volvernos más conscientes de nuestras propias imperfecciones. Nos introducimos en el acto penitencial, en el que le presentamos esas imperfecciones a Dios y le pedimos que nos inunde con su misericordia.

El arrepentimiento, el dolor y el perdón son poderosas cualidades que, cuando convergen, tienen consecuencias inimaginables. No debería sorprendernos que el manifestar dolor por nuestros pecados (tanto personales como a nivel colectivo) y humildemente pedirle perdón a Dios sea lo primero que hacemos en la misa una vez congregados. Esto lo hacemos durante la parte de la misa llamada acto penitencial. Poco a poco la misa nos desafía a reconocer que no somos el centro del universo. A la vez que estos Ritos Iniciales siguen integrándonos como comunidad, el acto penitencial nos recuerda que somos una comunidad de pecadores que necesitamos, sin excepción, un poco de humildad. El acto penitencial nos recuerda que hay una necesidad —de hecho, permanente— de buscar el perdón por los pecados. Es verdad que hay una necesidad al inicio de la liturgia de prepararnos para el maravilloso misterio de la muerte y resurrección de Cristo, que estamos a punto de celebrar, y una necesidad de prepararnos para el Cuerpo y la Sangre de Cristo, los cuales estamos a punto de recibir. Este énfasis en el pecado es un crudo recordatorio del mundo al que regresaremos y en el cual vivimos. Nuestro mundo está lleno de la gracia de Dios, pero también es un mundo pecaminoso que, por desgracia, hacemos más pecaminoso a causa de nuestros actos y omisiones. Antes de hacer alguna otra cosa en la liturgia, es fundamental que admitamos el pecado en el que todos hemos voluntariamente participado y pidamos perdón con humildad. Es semejante a la experiencia que se describió en la historia narrada al comienzo de este capítulo: permanecer silenciosamente de pie delante del entrenador, sin excusas, y ser honesto. El hecho de que volvamos a tratar este tema varias veces durante la liturgia refuerza la importancia del acto penitencial, que nos alienta a resistir el pecado que enfrentaremos cuando nos vayamos de la iglesia después de misa. El mensaje sagrado de la liturgia para nosotros es que el arrepentimiento y el perdón no ocurren una sola vez en la vida, sino que son parte de un proceso continuo que se torna necesario a causa de nuestra condición pecaminosa.

El acto penitencial tiene tres formularios, sin incluir el rito de bendición y aspersión de agua (este rito nos recuerda el perdón de pecados que recibimos en el Bautismo).

El primer formulario es la sencilla plegaria conocida como "Yo confieso", también conocido como *Confiteor* (del latín "yo confieso"). Es el formulario más personal de los tres, en primera persona singular. Cuando oramos "por mi culpa, por mi culpa, por mi gran culpa" simbólicamente nos golpeamos tres veces el pecho, recordando al humilde recaudador de impuestos que fue al Templo de Jerusalén para orar y se golpeaba el pecho, diciendo: "Oh Dios, ten piedad de este pecador" (Lucas 18:13).

> Yo confieso ante Dios todopoderoso
> > y ante vosotros, hermanos,
> > que he pecado mucho
> > de pensamiento, palabra, obra y omisión.
> Por mi culpa, por mi culpa, por mi gran culpa.
> Por eso ruego a santa María, siempre Virgen,
> > a los ángeles, a los santos
> > y a vosotros, hermanos,
> > que intercedáis por mí ante Dios,
> > nuestro Señor.

El segundo formulario, que en cierto modo es la plegaria penitencial más sencilla, es un acto por el cual reconocemos con calma nuestros pecados junto con un pedido de misericordia y amor. Es una simple plegaria que recuerda las palabras que habló el recaudador de impuestos en la parábola del fariseo y el publicano (véase Lucas 18:9–14) que, de pie en la parte trasera del templo, bajó la cabeza, se golpeó el pecho y con humildad pidió perdón:

> Sacerdote: Señor, ten misericordia de nosotros.
> Pueblo: Porque hemos pecado contra ti.

Sacerdote: Muéstranos, Señor, tu misericordia.
Pueblo: Y danos tu salvación.

El tercer formulario contiene invocaciones a las cuales la asamblea responde pidiendo misericordia:

Sacerdote: Tú, que has sido enviado a sanar los
    corazones afligidos:
    Señor, ten piedad.
Pueblo: Señor, ten piedad.

Sacerdote: Tú, que has venido a llamar a los
    pecadores:
    Cristo, ten piedad.
Pueblo: Cristo, ten piedad.

Sacerdote: Tú, que estás sentado a la derecha del
    Padre
para interceder por nosotros:
    Señor, ten piedad.
Pueblo: Señor, ten piedad.

Los tres formularios terminan con la absolución del sacerdote, el "lavamiento", o perdón, de los pecados:

Sacerdote: Dios todopoderoso
    tenga misericordia de nosotros,
    perdone nuestros pecados
    y nos lleve a la vida eterna.
Pueblo: Amén.

Por último, si no hemos utilizado aún las invocaciones "Señor, ten piedad. . . Cristo, ten piedad. . . Señor, ten piedad" en ninguno de los formularios del acto penitencial, lo hacemos en la lengua vernácula o en griego:

Sacerdote: Señor, ten piedad.	Kýrie, eléison.
Pueblo: Señor, ten piedad.	Kýrie, eléison.
Sacerdote: Cristo, ten piedad.	Christe, eléison.
Pueblo: Cristo, ten piedad.	Christe, eléison.
Sacerdote: Señor, ten piedad.	Kýrie, eléison.
Pueblo: Señor, ten piedad.	Kýrie, eléison.

Por medio del acto penitencial queda claro que antes de seguir adelante con la liturgia, debemos manifestar un dolor sincero por los pecados que llevamos al altar de Dios. De hecho, el tema del arrepentimiento y el perdón es tan importante que tiene lugar una y otra vez en la misa. Reaparece en la oración colecta al término de los Ritos Iniciales, sobre todo durante la Cuaresma. Sin lugar a dudas es el centro de muchas de las lecturas proclamadas en las Sagradas Escrituras durante todo el año y es el fundamento de muchas de las homilías que escuchamos. Pedimos perdón. Cada tanto, oramos alguna de las Plegarias Eucarísticas para la Reconciliación, que hacen hincapié en la naturaleza sanadora y perdonadora de la liturgia y resaltan la importancia de estos temas incorporándolos al corazón mismo de la misa. Pedimos perdón específicamente cuando oramos el Padrenuestro. Repetimos el pedido de la amorosa misericordia de Dios en el Cordero al admitir nuestros pecados justo antes de recibir el Cuerpo y la Sangre de Cristo. A continuación, reconocemos la capacidad que Jesús tiene de limpiar el pecado del mundo y nos damos cuenta de nuestros pecados y de que no somos dignos de recibir la Eucaristía. La liturgia misma puede considerarse un acto penitencial.

Este énfasis en la penitencia durante la celebración de la Eucaristía se entiende mejor si nos salimos de la liturgia y damos un vistazo rápido a su relación con otro sacramento de iniciación. Debido a que el Bautismo es el inicio de un viaje en la fe como nuevos cristianos y es el primer ritual de limpieza de pecados, se nos recuerda ese hecho en el acto penitencial. El sacerdote tiene la opción de realizar un rito para la bendición y aspersión del agua. Como este rito nos recuerda la muerte del pecado y la vida nueva que encontramos en Cristo, ambos presentes en el agua del Bautismo, el rito para la bendición y aspersión de agua, cuando se ora, reemplaza el acto penitencial. A menudo este rito de aspersión de agua se celebra durante el Tiempo Pascual con el agua que se bendice la noche del Sábado Santo y que se utiliza en los Bautismos que se llevan a cabo durante la Vigilia Pascual.

En muchas iglesias la pila bautismal está ubicada de modo tal que el creyente introduce los dedos en el agua bendita y hace la señal de la cruz al entrar a la iglesia y al salir una vez terminada la liturgia. Estos momentos nos ayudan a recordar nuestro Bautismo: son señales de arrepentimiento por nuestros pecados y, en última instancia, señales de la bendición que nos llevamos una vez finalizada la misa.

Hollywood y la ficción popular pueden salirse con algunas frases realmente ingeniosas. También con frases muy tontas. En mi opinión, una de las frases más tontas que se haya dicho en alguna película es la que se dijo en *Love Story*, donde Ali McGraw le dice a Ryan O'Neal: "El amor significa nunca tener que decir *Lo siento*". No conozco ninguna relación que haya sobrevivido sin las palabras mágicas *Lo siento*. Sé que en mi matrimonio aprendí lo contrario, es decir, que el amor significa que sí hay que decir *Lo siento* una y otra vez. No al punto de la humillación, pero sí haciéndole saber al otro que ya sabíamos lo que habíamos sospechado desde el principio: ¡que nadie es perfecto! (JSP)

Al igual que en cualquier otra parte de la liturgia, hay una dinámica en movimiento en el acto penitencial que apunta al momento en que salimos de la iglesia para enfrentar la rutina de nuestra vida. Con un mayor sentido de la humildad por haber admitido nuestra naturaleza pecaminosa, fortalecidos por la Eucaristía y alentados para enfrentar las mismas tentaciones a las que antes habíamos sucumbido, sabemos ahora que ellas no pueden derrotarnos, salvo que las dejemos. Esto permite que nos llenemos de esperanza y volvamos a tomar consciencia de la gracia que Dios nos ofrece constantemente. Lejos de sentirnos humillados por nuestras fallas, de quedarnos paralizados por la culpa o de sentirnos desamparados, nos sentimos transformados y revitalizados. Nos vamos de la iglesia sabiendo que el pecado ya no tiene control sobre nosotros.

En el acto penitencial reconocemos que el amor y la gracia de Dios son mucho más grandes que nuestras debilidades.

Es por esto que no nos preocupamos por nuestros pecados durante el acto penitencial; en cambio, reconocemos nuestros pecados y desviamos la atención a lo único que puede vencerlos: la gracia y el amor infinitos de Dios. La humildad no consiste en golpearnos el pecho, sino en reconocer que estamos en presencia de alguien mayor que nosotros. Ser humilde implica aceptar vulnerabilidad. Baste pensar la humildad que provoca que nos visiten cuando estamos en el hospital vistiendo una de esas ligeras casacas que no llegan a cubrir el trasero y sin chance de siquiera maquillarnos. Es notable que esto sea lo que la Iglesia cree fundamental y necesario al momento de visitar a otros. ¿Por qué? Porque la humildad conlleva a la vulnerabilidad, y es solo cuando somos vulnerables que la gracia es posible. Del mismo modo, cuando nos encontramos cara a cara con la gracia irresistible de Dios, sacamos una lección de humildad. Y esta humildad es fundamental para poder celebrar genuinamente la Eucaristía, porque cuando somos vulnerables, estamos abiertos a la gracia. En el acto penitencial, nos volvemos humildes al orar: "Yo confieso ante Dios todopoderoso. . .". En esencia nos volvemos hacia el otro, dejamos de lado todo fingimiento y decimos: "Hola, soy un pecador. ¿Tú también? Es un placer conocerte".

Vivir la misa en la vida cotidiana significa que cada día somos conscientes de esta realidad, que aceptamos con honestidad nuestra naturaleza pecaminosa, pedimos perdón y nos abrimos a la misericordia de Dios para que podamos también compartir esa misericordia con otros. Vivir la misa supone reconocer nuestro quebrantamiento y, al mismo tiempo, alabar y glorificar por la salvación que hallamos en Jesucristo. En agradecimiento por esta admirable misericordia, nos vemos en la obligación de glorificar a Dios, que es lo que hacemos a continuación en la misa. ¡Qué buena idea! En vez de revolcarnos en nuestros pecados, cantamos el Gloria con alegría para alabar a Dios por su regalo de misericordia. Salvo en Cuaresma y Adviento, las liturgias de los domingos y de los días festivos especiales nos invitan a imitar el cántico de los ángeles de Navidad que cantaron de la gloria de Dios revelada a un mundo expectante. Con alegría proclamamos que Dios ha nacido entre los hombres y es como uno de ellos, por una razón específica: para llevar sobre sus hombros la carga de los pecados que acabamos de confesar y para que también nos redima. Por cierto, Dios nunca deja de mostrar esa misericordia por la cual oramos con humildad:

> Gloria a Dios en el cielo,
>> y en la tierra paz a los hombres
>> que ama el Señor.
> Por tu inmensa gloria
>> te alabamos, te bendecimos,
>> te adoramos, te glorificamos
>> te damos gracias,
>> Señor Dios, Rey celestial,
>> Dios Padre todopoderoso.
>> Señor, Hijo único, Jesucristo.
> Señor Dios, Cordero de Dios,
>> Hijo del Padre;
>> tú que quitas el pecado del mundo,
>> atiende nuestra súplica;
>> tú que estás sentado a la derecha del Padre,
>> ten piedad de nosotros;
>> porque sólo tú eres Santo,
>> sólo tú Señor,

> sólo tú Altísimo, Jesucristo,
> con el Espíritu Santo
> en la gloria de Dios Padre.
> Amén.

Recibir gloria supone ser el centro de la atención. Cantar el Gloria supone desviar el centro de atención de nosotros y dirigirlo a Dios, a quien realmente pertenece. Seguimos el ejemplo de María, quien, viendo que Dios la había elegido para una función especial, desvió la atención, no hacia ella sino hacia Dios. María podría haber dicho: "¡Miren! Soy aquella a la que Dios eligió". En cambio, cantó una alabanza, su Magníficat: "Proclama mi alma la grandeza del Señor, se alegra mi espíritu en Dios, mi salvador". En el Gloria hacemos lo mismo: proclamamos "sólo tú eres Santo, sólo tú Señor, sólo tú Altísimo, Jesucristo".

Vivir la misa en la vida cotidiana significa glorificar, no a nosotros mismos, sino a Dios. Cada uno debe vivir según ese grandioso lema jesuita, *Ad Majorem Dei Gloriam* ("Para la mayor gloria de Dios"). Vivir la misa significa vivir de manera tal que resaltemos la bondad de Dios y que mostremos su amor y misericordia a todos aquellos con quienes nos encontremos. Aun cuando finalicemos el acto penitencial con esa sana dosis de humildad y esperemos la presencia de Dios en las Sagradas Escrituras que escucharemos en breve, nos regocijamos en la oportunidad de pedirle a Dios que nos muestre su misericordia en el Gloria. Cuando contemplamos la gloria de Dios, lo único que podemos hacer es pedir perdón por nuestros pecados. Esto despeja el camino para que podamos entrar plenamente en la gozosa presencia de Dios. Después de una breve oración conocida como la oración colecta, en que el sacerdote "recoge" las oraciones individuales de la asamblea y se las presenta a Dios unidas en una sola voz, comenzamos formalmente la Liturgia de la Palabra.

Los otros seis días de la semana

Con respecto a la vida cotidiana, el acto penitencial nos invita y nos desafía a

- vivir con un sano sentido de humildad;

- perdonar a los demás tal como Dios lo hace con nosotros;

- abstenernos de criticar a los demás, pues no somos ni peores ni mejores que nuestros hermanos y hermanas;

- hallar la gracia de Dios y su amor incondicional compartidos con nosotros en tantos momentos llenos de gracia;

- empezar a hacer las cosas mejor de lo que las habíamos hecho antes;

- no darnos por vencidos, ya que gracias al perdón siempre podemos volver a empezar;

- ser honestos con nosotros mismos y con los demás;

- vivir en el gozo del amor glorioso que Dios nos muestra.

■ ■ ■

Hijos míos, les escribo esto para que no pequen. Pero si alguien peca, tenemos un abogado ante el Padre, Jesucristo el Justo. Él se ofreció en sacrificio para que nuestros pecados sean perdonados y no sólo los nuestros, sino los de todo el mundo.

1 Juan 2:1–2

4

Vidas ordinarias en un contexto extraordinario

La lectura de las Sagradas Escrituras

Cuando tengo un día libre en el verano me gusta ir a la reserva forestal, alquilar un bote y remar hasta el centro del lago. Ahí echo el ancla, me recuesto y descanso. Sin embargo, suelo subirme al bote de la manera equivocada. Como estoy acostumbrado a entrar al auto mirando hacia la parte delantera, suelo subir al bote del mismo modo (es decir, mirando la parte más angosta del bote). Entonces el empleado de la casa de alquileres me recuerda que tengo que girarme. Vivo olvidándome de que cuando se rema hay que ir de frente a la parte trasera del bote, no a la parte delantera. Fundamentalmente remamos hacia atrás. Los ojos están en el "pasado", en el origen. A menudo solemos mirar por encima del hombro para mirar el "futuro", a donde nos dirigimos. Esto nos deja una enseñanza. En la vida espiritual, nos movemos hacia adelante, pero con los ojos en el pasado y con solo alguna mirada ocasional en el futuro. Conocemos el pasado, pero no el futuro. Al mirar para atrás, reconocemos con más facilidad la presencia de

Dios y su accionar en los acontecimientos que ya hemos vivido. Como sabemos que Dios tocó nuestra vida en el pasado, tenemos más confianza en el presente y más esperanza en el futuro. (JSP)

Nos vamos de la misa con confianza en el presente y esperanza en el futuro porque tenemos pruebas de la acción salvadora de Dios en el pasado. ¿Cómo lo logramos? Gracias a la lectura de las Escrituras de la Liturgia de la Palabra recordamos las grandes obras de Dios y se nos alienta a exclamar "¡Demos gracias a Dios!" y "Te alabamos, Señor Jesucristo". La lectura de las Escrituras son un ejemplo de que es más fácil reconocer a Dios con un espejo retrovisor (¡y que está más cerca de lo que parece!). La lectura de las Escrituras nos recuerda de manera efectiva que Dios tomó la iniciativa y que logró muchas obras maravillosas en la historia de la salvación. La Liturgia de la Palabra nos enseña que no podemos ser espiritualmente proactivos. Ser proactivo significa ser aquel que inicia algo. Las Escrituras nos demuestran que Dios ya obró en el pasado y tomó la iniciativa de reconciliarnos con él. Ahora nos toca a nosotros obrar en consecuencia.

Vivir la misa significa recordar a diario lo que Dios hizo por nosotros, recordar sus grandes obras y contarles a otros acerca de ello. Vivir la misa significa mirar hacia atrás en nuestra vida y reconocer las huellas de Dios en nuestro ir y venir, e invitar a otros a que aprendan a verlas también. Las historias bíblicas que se proclaman durante la Liturgia de la Palabra proporcionan un contexto asombroso donde ubicar nuestra vida. A medida que escuchamos historias sobre la manera extraordinaria en que Dios obró en la vida de su pueblo, reconocemos que también ha obrado de manera extraordinaria en nuestra vida. Las lecturas no son meras recitaciones de sucesos ocurridos hace mucho, sino proclamaciones de una Palabra viva. Como respuesta, celebramos la Eucaristía, del griego *eucharistia*, es decir, "dar gracias", porque hay algo en el pasado y en el presente por lo que tenemos que dar gracias. Podemos orarle al Padre por el presente y por el futuro con fe y confianza, pues la prueba de la fidelidad de Dios en el pasado es contundente. Decimos "Demos gracias a Dios" después de las dos primeras lecturas y "Te alabamos, Señor Jesucristo" después del Evangelio porque reconocemos la presencia de Dios-con-nosotros por medio de las historias bíblicas. Proclamamos "¡Aleluya!" (salvo en el Tiempo de Cuaresma) antes de escuchar el Evangelio porque sabemos que lo que estamos por escuchar son buenas noticias. Hacemos una cruz con el pulgar en la frente, labios y pecho al orar en silencio: "El Señor esté en tu corazón y en tus labios" como señal del deseo de llevarnos estas buenas nuevas y compartirlas con los demás. Al haber escuchado las historias bíblicas de cómo Dios salva, no dudamos en proclamar a Jesús (cuyo nombre significa "Dios salva") al mundo. A quienes nos preguntan por qué debemos confiar en el Señor les respondemos con pruebas del pasado: historias bíblicas que ilustran "nuestro" pasado remoto e historias de nuestra vida presente que ilustran cómo Dios sigue obrando en nuestra vida.

Por medio de las Escrituras Dios se revela, no solo de manera directa, sino también por medio del testimonio de otros. Al introducirnos en las historias bíblicas somos testigos o, en griego, "mártires". Los mártires son esos cristianos que dieron testimonio del Cristo resucitado y ofrecieron su vida por ello. No obstante, los primeros cristianos entendieron la palabra *mártir* en el sentido de todo aquel que, por medio de sus palabras y actos, vivió como testigo confiable de la presencia del Cristo resucitado. No tenemos prueba empírica de los principios de nuestra fe, pero sí tenemos pruebas contundentes y convincentes de que Dios salva. Tenemos la obligación de presentarnos al mundo como mártires, es decir, testigos de la salvación de Dios por medio de Jesucristo. Nuestro "testimonio" es nuestro estilo de vida. Como dijera San Francisco de Asís: "Prediquen el Evangelio. Si es necesario, usen palabras".

Las historias bíblicas que se proclamaron durante la Liturgia de la Palabra están dispuestas en un libro llamado *Leccionario*, que nos permite escuchar las obras salvíficas de Dios varias veces a lo largo de nuestra vida. Como quien rema un bote, nos alejamos de la costa, pero tratamos de no perder de vista el lugar donde estuvimos para poder regresar sanos y salvos. El viaje en la fe se aborda en un calendario litúrgico anual, así como un ciclo de tres años de lecturas bíblicas para los domingos.

¿Qué hacen los turistas que visitan el Gran Cañón? Mi esposa, mis hijos y yo hicimos lo que hace todo el mundo: extasiarnos no bien vimos esta maravilla por primera vez. Parados en el primer mirador admiramos su majestuosidad y nos dimos cuenta de que apenas podíamos retener toda esa vista de una sola vez. Comenzamos a andar el camino por el borde, mirando por encima de los hombros a medida que avanzábamos, intentando abarcar esta vasta obra de arte. Más adelante en el camino llegamos a otro mirador, donde nos detuvimos a tomar fotografías y volvimos a extasiarnos. Mirábamos la misma realidad que habíamos visto en el primer

mirador, pero desde una perspectiva diferente. Desde
esta nueva perspectiva se hicieron más evidentes otras
características del cañón. Lo mismo hacemos durante el
año litúrgico. Cada tiempo o fiesta es otro "mirador" en
el que nos detenemos a reflexionar en el misterio pascual de Jesús desde una perspectiva exclusiva. (JSP)

Nos encontramos con la realidad de Cristo de la misma
manera que contemplamos algo tan inmenso y profundo
como el Gran Cañón. El misterio pascual de Cristo —es
decir, su vida, sufrimiento, muerte y resurrección— es tan
grande y asombroso que "apenas podemos comprenderlo"
(del tradicional himno cristiano "Cuán grande es Él"). Y lo
vemos varias veces durante el calendario litúrgico y ciclo de
lecturas. "Contemplamos" el misterio pascual desde varias
perspectivas, a veces deteniéndonos para mirar mejor algunos panoramas en especial (Adviento, Navidad, Cuaresma,
Pascua) y otras veces andando por el camino con las miradas
puestas en la realidad entera (Tiempo Ordinario).

El año litúrgico —que es una secuencia simbólica del
viaje en la fe— comienza en Adviento (los cuatro domingos
anteriores a Navidad). Las lecturas de las Escrituras durante
Adviento brindan una oportunidad de concentrarnos en la
esperanza. Conectamos nuestros deseos con los del pueblo de
Israel en cuanto a la venida del Mesías. Escuchamos las palabras de los profetas y de Juan el Bautista anunciando la venida
del Mesías, y sabemos que nuestra esperanza no es en vano: el
pasado nos enseña a tener siempre esperanza en el futuro. Las
Escrituras de Adviento nos enseñan que seguir a Jesús supone
llevar una vida de expectación gozosa y llena de esperanza, no
solo en la celebración de la Navidad, sino durante todo el año.

La lectura de las Escrituras de Navidad nos invita a reflexionar en la presencia de Jesús por medio de la Encarnación, es decir, que Dios se haya hecho humano. Escuchamos las historias del nacimiento de Jesús y su Epifanía —la revelación del rostro humano de Dios al mundo entero—. Celebramos nuestra condición humana porque está llena de la presencia divina de Jesús. Nos retiramos sabiendo que dondequiera que vayamos y sea lo que hagamos, Jesús, nuestro Emanuel (que significa "Dios-con-nosotros") está de nuestro lado. No tememos porque no estamos solos. No vemos a los demás como extraños, porque el rostro de Dios se revela en la condición humana. Por medio de la encarnación Dios nos permitió ver el rostro de Jesús en los rostros de la gente común.

El tiempo de Cuaresma (es decir, los cuarenta días de preparación para la Pascua) incluye lecturas bíblicas que nos hacen reflexionar sobre lo que significa y lo que conlleva seguir a Jesús como discípulos. Escuchamos historias sobre la manera en que Jesús venció la tentación y reflexionamos sobre las formas en que somos tentados nosotros mismos. Escuchamos historias que revelan la capacidad que Jesús tiene de salvarnos y protegernos, y también historias que ejemplifican el tipo de compromiso que debemos hacer como seguidores de Jesús. Reflexionamos más sobre el misterio de la cruz y la manera en que el sufrimiento nos redime. Nos retiramos con las prioridades en orden y el enfoque aguzado.

Las trascendentes lecturas de las Escrituras de Semana Santa, sobre todo del Triduo Pascual (Jueves Santo, Viernes Santo y Sábado Santo), nos llevan al corazón mismo de la fe: "Anunciamos tu muerte, proclamamos tu resurrección. ¡Ven, Señor Jesús!". Escuchamos las aleccionadoras historias de la negación y la traición de parte de los amigos más cercanos de Jesús, y reconocemos nuestra falta de valor y compromiso. Escuchamos historias de cómo Jesús se rindió a la voluntad del Padre y de la cruel y violenta manera en que lo trataron por su fidelidad a ese compromiso. Escuchamos historias de su sufrimiento y su muerte, y nos enfrentamos con la paradoja de la fe: que para vivir, debemos morir. Nos retiramos sabiendo que aun en los momentos más oscuros podemos volvernos a Jesús porque él también vivió la oscuridad más profunda.

Las alegres lecturas de las Escrituras de los cincuenta días de Pascua (que comienzan el domingo después de la primera luna llena de primavera) brindan la oportunidad de celebrar la nueva vida que resulta de la transformación de la muerte. Escuchamos historias del Jesús resucitado apareciendo ante sus discípulos y nos retiramos sabiendo que camina hoy entre nosotros. Tenemos la seguridad de que si Dios es capaz de derrotar la muerte, puede derrotar cualquier cosa. Durante el Tiempo Pascual celebramos la creencia de que el Espíritu del Señor resucitado está ahí, en la comunidad de fieles, dándonos el deseo y la capacidad de compartir las buenas nuevas.

La lectura de las Escrituras del Tiempo Ordinario (entre Navidad y Cuaresma, y una vez más entre Pentecostés y Adviento) nos invitan a explorar la vasta extensión del misterio pascual de Cristo de la misma manera que contemplamos la magnitud del Gran Cañón mientras vamos de mirador en mirador. Las lecturas de las Escrituras nos enseñan que nada es común en el Tiempo Ordinario. Consciente de la presencia de Dios y de su amor permanente, la iglesia no deja pasar un solo día sin considerarlo como perteneciente a Dios. Como contamos los domingos de esta manera, los llamamos Ordinarios, como la palabra *ordinal*, que significa "numerado". Porque día a día y domingo a domingo encontramos las obras del Señor proclamadas en las Escrituras, recordamos con frecuencia que este y todos los demás momentos pertenecen a Dios.

> Muchos de nosotros hemos padecido una diversidad de lectores, desde los más dramáticos que llaman la atención hacia sí mismos hasta el otro extremo, los improvisados que leen con demasiada torpeza la Palabra de Dios. Por suerte muchos lectores se hallan en medio de estos dos extremos. No obstante, cada tanto presenciamos un momento muy especial en que la Palabra de Dios ha quedado tan grabada a fuego en el corazón del que la lee, que en verdad la proclama, y la experiencia de la lectura está iluminada por la gracia. Todos los que estamos en la congregación tenemos un encuentro íntimo y personal con la presencia de Dios, a la vez amorosa y misteriosa. Uno de esos inolvidables momentos fue cuando Karen leyó un Viernes Santo el relato del siervo maltratado de Isaías. No bien Karen hubo terminado de leer, se hizo un silencio reverencial en la congregación. Con solemnidad Karen dijo: "Es Palabra de Dios". La congregación, todavía paralizada por la proclamación, permaneció en silencio; todos habían perdido el habla. Momentos después, con gran humildad, Karen repitió suavemente: "Es Palabra de Dios". Esta vez la congregación recuperó el habla y dijo: "Te alabamos, Señor". Cuando Karen volvió a su asiento, todos se pusieron de pie; fue un tributo espontáneo, no para ella, sino para la Palabra viva que acababa de proclamar. (DJG)

La Palabra de Dios está viva y debe ser proclamada con autoridad. En la primera Iglesia alguien que enseñaba con autoridad era considerado una persona que capacitaba a otros a obrar según lo que había aprendido. Jesús enseñaba con autoridad porque sus palabras hacían posible que las personas obraran de acuerdo con el llamado de Dios a la santidad. Cuando recibimos la Palabra de Dios, somos testigos de que podemos hablar con autoridad, sin necesidad de tener que forzar a otros a obrar de la manera en que creemos que deberían, sino como personas que, por medio de nuestras palabras y acciones, proponemos una manera posible de vivir como discípulos de Jesús.

Cuando vivimos cada día con la certeza de que nuestra vida halla sentido al conectarse con la Palabra de Dios, nos damos cuenta de que nuestra vida se desarrolla en el contexto de una historia grandiosa y permanente. La próxima sección de la Liturgia de la Palabra, la homilía, nos ayuda a reinterpretar nuestra vida, aparentemente ordinaria, dentro de este contexto extraordinario.

Los otros seis días de la semana

Con respecto a la vida cotidiana, la lectura de las Sagradas Escrituras de la Liturgia de la Palabra nos invita y nos desafía a

- vivir en confianza, sabiendo que las grandes obras pasadas de Dios continúan en el presente y así lo harán en el futuro;

- hablar y obrar como testigos del poder salvador de Dios;

- ubicar nuestra vida dentro del contexto del plan de salvación de Dios;

- vivir con la certeza de que todo tiempo pertenece a Dios y que todo tiempo tiene algo especial;

- abrirnos a la transformación que resulta de ubicar a Dios en el centro de nuestra vida;

- reconocer que vivimos nuestra vida en respuesta a Dios, que ya hizo algo por nosotros;

- vivir apreciando el pasado, aceptando el presente y conservando las esperanzas en el futuro;

- buscar mejor las pruebas de la amorosa presencia de Dios en la vida diaria;

- hablar la Palabra de Dios con autoridad y permitiendo que otros obren en consecuencia;

- tener a mano una Biblia y leerla con regularidad.

■ ■ ■

Por eso también nosotros damos siempre gracias a Dios, porque, cuando escucharon la Palabra de Dios que les predicamos, la recibieron, no como palabra humana, sino como realmente es, Palabra de Dios, que actúa en ustedes, los creyentes.

1 Tesalonicenses 2:13

5

Encontrarle sentido a la vida

La homilía

El pastor asociado, que se había ordenado hacía poco, dio su primera homilía en la misa del sábado por la tarde. Recurrió a todas las técnicas y herramientas adquiridas en el seminario, sin omitir ninguna. Lamentablemente, el resultado fue una homilía de treinta y cinco minutos que pocos lograron comprender. Cuando el pastor asociado me vio esperándolo en la escalinata de la iglesia mirando el reloj, la sonrisa se esfumó de su rostro. Con un susurro me preguntó qué pudo haber pasado. Solo le dije que no hacía falta decirlo todo en la primera homilía, pues habría más homilías durante los próximos cincuenta años de su vida. (DJG)

Es por medio de la homilía —es decir, la reflexión que hace el sacerdote o diácono después de la lectura del Evangelio— que reinterpretamos nuestra vida a la luz de las lecturas de las Escrituras. Nuestra vida cristiana recibe su sustento de la homilía, que establece una relación entre algún aspecto de la lectura de las Escrituras con las necesidades cotidianas del pueblo de Dios.

Para ser eficaz, no hace falta que una homilía nos deje boquiabiertos ni que sea entretenida. En realidad, una homilía no debe valorarse según su capacidad de entretener a la gente. Una homilía exitosa se mide según el impacto que produce en las personas cuando se retiran de la iglesia y regresan a sus hogares o escuelas, barrios o lugares de trabajo. Debido a que una vez finalizada la misa el pueblo de Dios tiene la gran responsabilidad de llevar a cabo la misión que encomendó Jesucristo, tiene derecho a escuchar una excelente homilía que lo ayude en esa tarea.

La homilía es uno de los momentos de la misa que más expectativa genera, pues la congregación no sabe cómo se desarrollará. La homilía es uno de los pocos momentos de la misa en que las palabras y gestos no están determinados de antemano. Es un momento de gran expectativa debido a la ansiedad del público y las limitaciones humanas del homilista: ¿qué podrá decir un simple mortal acerca de la inmortal Palabra de Dios? Cuando reflexionamos en ello, nos preguntamos: ¿habrá algo más difícil para el homilista que hablar a continuación de la Palabra de Dios —esas lecturas de las Sagradas Escrituras de tanta riqueza— utilizando sus propias palabras? La Palabra de Dios abarca siglos; sus historias se transmitieron de generación en generación, al igual que los cánticos, las visiones, las profecías, las palabras y los hechos de Jesús el Mesías y las epístolas de los apóstoles. Después de la proclamación de estas historias, la congregación toma asiento y espera que el homilista haga una reflexión sobre lo que se acaba de leer en las Escrituras. El pueblo de Dios, con su invisible bagaje de experiencias, emociones, deseos, esperanzas y sueños particulares, espera sentado en silencio. La pregunta es: ¿qué es lo que podemos y debemos esperar de una homilía? La respuesta se puede resumir en una sola palabra: *transformación*.

¿Cómo pueden diez, ocho o incluso siete minutos transformar nuestra vida? Si consideramos cómo ha evolucionado la función de la homilía en la misa a lo largo de la historia de la Iglesia, entenderemos mejor su función en la actualidad. La homilía ha tenido una historia muy interesante a lo largo de los siglos, desde la primera vez que Jesús partió el pan con sus discípulos en el salón del piso superior en la víspera de su muerte. Muchos padres de la primera Iglesia escribieron sermones para celebraciones litúrgicas específicas que resultaron ser tratados brillantes sobre distintos aspectos de la fe católica. Muchos de estos sermones, conservados en manuscritos, son tan largos como un libro y representan algunas de las ideas filosóficas, teológicas y pastorales más avanzadas de la época. En otros momentos las homilías fueron breves, o de plano no estaban presentes en la misa. El hecho es que, antes de la invención de los amplificadores, había un clero de formación muy dispar que hablaba a congregaciones poco ilustradas en iglesias góticas, lo cual llevó a que esta parte de la liturgia resultara fácil de minimizar. A lo largo de los siglos, no obstante, la Iglesia ha tenido la gracia de contar con muchos predicadores magistrales cuyas palabras fueron muy necesarias en momentos especiales de la historia. Una sencilla homilía era capaz de lanzar una cruzada, derrocar a un rey o juntar fondos suficientes para mantener a flote los Estados Pontificios. Una homilía era capaz de hacer que miles de personas se arrepintieran, abandonaran las armas, dejaran de causar disturbios y, lo más importante, transformaran sus corazones. Una homilía dicha en el tiempo y lugar justos, y de boca del orador apropiado, puede ser muy eficaz, más allá de sus palabras.

En el siglo xvi, la Reforma, con su énfasis en las Sagradas Escrituras, dio lugar al surgimiento de predicadores protestantes que hicieron hincapié en predicar la Palabra de Dios. Al mismo tiempo, la Iglesia Católica, recelosa de que se le pusiera tanto énfasis a la Palabra de Dios, se propuso resaltar mucho más la vida sacramental: señal, símbolo y ritual. Desde los tiempos del Concilio de Trento hasta el Concilio Vaticano II, allá por la década de los sesenta, la homilía fue perdiendo su importancia en la misa católica. Puede que muchos de nosotros tengamos suficiente edad como para recordar misas desprovistas de homilías durante los meses de verano a causa de las altas temperaturas. No obstante, a partir de las reformas del Concilio Vaticano II y el llamado de los obispos a la "participación plena, consciente y activa" en la misa, la homilía recobró importancia. En la actualidad para muchos católicos es muy difícil imaginar una misa sin homilía.

La Iglesia usa la palabra *homilía* para referirse a la parte de la misa a la que alguna vez (y a veces también hoy) se le llamó "sermón". ¿Cuál es la diferencia? Si bien son parecidos, el sermón suele consistir en una serie de lecciones doctrinales o exhortaciones morales sobre distintos temas o asuntos; una homilía es una interpretación de la vida a la luz de la lectura de las Escrituras durante la liturgia. Un sermón se predica *para* una congregación y suele proporcionar respuestas; una homilía, en cierto modo, alienta a que hagamos las preguntas apropiadas. Mientras que un sermón nos da respuestas para la vida, la homilía nos da una tarea, es decir, la tarea de aplicar la Palabra de Dios a nuestras situaciones particulares. Una buena homilía no predica *acerca* de Jesús, sino que predica a Jesús. Un homilista no habla acerca de Dios, sino que lleva al pueblo de Dios a un encuentro con el Dios vivo y presente en la liturgia.

La homilía, con base en la liturgia y las Escrituras que se proclamaron, nos ayuda a llevar con nosotros la Palabra de Dios cuando nos vamos de la iglesia. Para lograr precisamente una buena homilía, en su obra *We Speak the Word of the Lord* [Hablamos la Palabra del Señor], el escritor Daniel E. Harris sugiere:

- proclamar las Sagradas Escrituras;

- dar testimonio de la fe;

- tener imaginación;

- tener esperanza;

- estar en contacto con la vida de otras personas;

- ser agradables;

- tener una idea central;

- ser claros y sencillos.

Si está bien realizada, la homilía penetra nuestra vida. Nuestras historias son un canal para el gran cuadro de la historia de la salvación y que se ha revelado a nosotros en parte en la homilía. La homilía y sus efectos no ocurren en un vacío. El homilista no es un profesor que da una charla sobre un tema predeterminado y sin tener en cuenta los acontecimientos de la actualidad, las experiencias de los congregados o el tiempo del año (es decir, del año litúrgico). Por el contrario, una homilía habla directamente de las experiencias humanas en relación a la Palabra de Dios. Solo así podrá un homilista aspirar a que la audiencia se inspire y logre una transformación.

> Mi tío Joe, al igual que mi padre, era farmacéutico y yo trabajé con él como técnico farmacéutico durante varios años en su farmacia. Una vez mi tío tuvo un problema con uno de sus clientes, quien lo acusaba de todo tipo de práctica deshonesta. Esperé el momento en que mi tío estallara y respondiera de manera rápida y contundente y pusiera por fin en su lugar a este cliente. Cuando la diatriba llegó a su fin, mi tío respiró hondo y con calma respondió: "Lamento que se sienta así". Estoy seguro de que mi tío le hubiese dicho muchas cosas más, pero demostró un sorprendente control de sí mismo y le dio un rápido cierre a lo que hubiese derivado en algo peor. Mi tío Joe me enseñó a ver situaciones en la vida de un modo distinto, y cada vez que me encuentro en una situación parecida, trato de ver las cosas como lo hacía él. Ese día en particular (y muchos otros), el tío Joe era una homilía viviente que invitaba con sus acciones a ver las cosas con otro matiz, un matiz que ve lo que Jesús ve. (JSP)

Los Evangelios nos invitan a ver la vida de modo diferente. Ese es el propósito de una buena homilía. Las homilías no son simplemente un conjunto de datos, sino que tienen el fin de producir una transformación. Una buena homilía hace posible que obremos según lo que creemos. Las Escrituras cuentan que Jesús enseñaba con autoridad: "Estaban asombrados de su enseñanza porque hablaba con autoridad" (Lucas 4:32). Jesús hacía posible que las personas obraran según la ley de Dios. Una buena homilía hace lo mismo.

Cuando escuchamos una homilía no pretendemos que sea divertida, sino que nos transforme. Por más deficiente que sea una homilía, aún tenemos la posibilidad de reflexionar en qué manera el Evangelio nos hace un llamado al cambio, hoy y en los próximos días. Un buen homilista, no obstante, puede ofrecer nuevas maneras posibles de ver la realidad. En muchos aspectos, una buena homilía es lo opuesto a esas bromas del tipo "Tengo una buena noticia y una mala noticia. . ." que primero dan la buena noticia para después dar la mala. Una buena homilía da primero la "mala noticia" —es decir, aquello que parece poner obstáculos a nuestro intento de alcanzar la realización— y después presenta la buenas nuevas de Jesucristo en una forma en que las podamos adoptar y llevarlas con nosotros. A su vez, nosotros mismos somos homilías vivientes cuando nos vamos de la iglesia: mensajes de buenas nuevas que superan las malas noticias.

La historia de la Iglesia está llena de homilías vivientes: Tomás de Kempis, San Francisco de Asís, la beata Teresa de Calcuta y muchos otros que caminaron por las calles con una sonrisa, compartiendo sus limosnas, abrazando a quienes estaban solos y sirviendo a otros, e hicieron posible que las personas tuvieran otra visión de la realidad. Sin lugar a dudas hay personas en la vida que fueron, son y siguen siendo homilías vivientes. Del mismo modo, cuando nos retiramos de la misa y salimos al mundo, se nos hace un llamado a que seamos homilías vivientes y a hacer el trabajo de evangelización invitando a otros a ver las buenas nuevas de Jesucristo como una alternativa posible a su manera de vivir. No es necesario que seamos grandes oradores para ser homilías vivientes. Ni tampoco es necesario que nos paremos en las esquinas o que juntemos multitudes alrededor de un dispensador de agua para "predicar" las buenas noticias de Jesucristo. Si nuestra vida brinda una mejor alternativa a la desesperación, el odio, la opresión, la injusticia, la intolerancia, el prejuicio, la codicia, la deshonestidad, la violencia y otros males, en verdad nos estamos ofreciendo a nosotros mismos como homilías vivientes.

La medida real de una homilía eficiente no consiste en que nos haga sentir bien, sino que nos haga obrar una vez que nos retiramos de la iglesia y regresamos a nuestros hogares o escuelas, barrios o lugares de trabajo. Al igual que los discípulos en el camino de Emaús que se preguntaban: "¿No sentíamos arder nuestro corazón mientras nos hablaba por el camino [. . .]?" (Lucas 24:32), las palabras de una homilía influyen de manera tal que podemos tomar una nueva dirección; son palabras que ofrecen esperanza y una nueva vida como alternativa a la desesperación y la muerte.

Con tanta diversidad en edad, formación y tantos otros aspectos dentro de una misma comunidad, la única manera de que una homilía llegue a todos es que trate de las verdades universales de las Escrituras, así como de la historia y Tradición de la Iglesia. Estas verdades se proclaman después de la homilía con firmeza y sin temor al hacer la Profesión de Fe. Recitar el Credo de Nicea significa proclamar la manera cristiana de ver la realidad: una manera nueva que es posible gracias a la palabra viva de Dios proclamada en la lectura de las Escrituras y en la homilía.

Los otros seis días de la semana

Con respecto a la vida cotidiana, la homilía de la misa nos invita y nos desafía a

- transformarnos y mirar el mundo con otro matiz;

- llevar nuestra fe dondequiera que vayamos cuando nos retiramos de la iglesia;

- ser homilías vivientes mostrando en la práctica lo que creemos;

- reflexionar en la presencia de Dios y lo que ello implica para nuestra vida;

- integrar nuestras creencias con nuestras acciones, en vez de que ambas vayan de manera aislada e independiente;

- animarnos a ser mejores creyentes;

- invitar a los demás a considerar las buenas nuevas de Jesús como una alternativa a su modo actual de vivir.

■ ■ ■

Las fuentes principales de la predicación serán la Sagrada Escritura y la Liturgia, ya que es una proclamación de las maravillas obradas por Dios en la historia de la salvación o misterio de Cristo, que está siempre presente y obra en nosotros, particularmente en la celebración de la Liturgia.

Constitución *Sacrosanctum Concilium* sobre la sagrada Liturgia
Concilio Vaticano II

6

En Dios confiamos

La Profesión de Fe

Caveat emptor. No es necesario saber latín para reconocer esta frase: "Cuidado por el comprador". Cuando invertimos dinero en un producto o un servicio, tenemos que estar seguros de que podemos confiar en el vendedor. Cuando estábamos recién casados, mi esposa y yo queríamos comprar nuestro primer auto; no conocíamos nada de las complejidades de la compraventa de autos. Fuimos a ver al vendedor y le contamos que los autos de ambos estaban muy viejos y prácticamente inservibles, y que necesitábamos uno nuevo con urgencia. El viejo vendedor, en apariencia agradable y en el que depositamos nuestra confianza, vio la ocasión perfecta de sacar ventaja. Llegamos a un acuerdo que seguramente adelantó unos meses la jubilación del vendedor, ¡y pospuso la nuestra unos cuantos años! No obstante, fue una experiencia que no consiguió ahuyentarme de los concesionarios de autos. He mejorado mi capacidad de obligar al vendedor a que sea confiable como para poder negociar de buena fe. Cuando se traiciona la confianza, podemos elegir no volver a confiar o podemos entablar nuevas relaciones, ya sea a nivel personal o profesional, con los ojos bien abiertos y buscando la sabiduría como para lograr establecer una relación de confianza. (JSP)

Cuando nos vamos de la iglesia, debemos hacerlo con un sentido de convicción, con la confianza en el Dios que confió en nosotros aceptándonos como discípulos de su Hijo, Jesús. Podemos utilizar un vocabulario que nos permite expresar la comprensión limitada de un Dios que trasciende el entendimiento humano. Nos vamos con una cierta idea del rostro de Dios que se nos ha revelado. ¿Cómo llegamos a este punto? Es gracias a la Profesión de Fe, el Credo, que expresamos nuestra fe y dejamos que esta sea moldeada por Dios, que es Padre, Hijo y Espíritu Santo.

Confía en mí. Estas son palabras que pueden asustar a cualquiera. Cuando álguien nos pide que confiemos en él o ella, esa persona nos invita a entablar una relación. Confiar en alguien es dejar que esa persona nos guíe. Confiar en alguien es rendir nuestra voluntad a la de esa persona. Hay momentos en que no tenemos otra alternativa que confiar en quien dice ser experto en algo sobre lo que no tenemos la menor idea, se trate de neurocirugía o mecánica automotriz. Desde la infancia aprendemos a confiar en otros. Si confiamos en alguien bueno y amistoso, nos sentimos atraídos hacia esa persona. Si tenemos confianza en que un objeto o un juguete no nos hará daño, nos acercamos.

Cuando decimos "Creo en un solo Dios", estamos diciendo que confiamos en Dios. Rezar el Credo en misa significa proclamar una relación. Muy a menudo pensamos que el Credo es una lista de enunciados doctrinales a los que juramos conformidad y adhesión a nivel intelectual. Quizás si reemplazáramos la palabra *creo* por *confío* entenderíamos mejor lo que significa hacer la Profesión de Fe.

Creo [confío] en un solo Dios,
    Padre todopoderoso, Creador del cielo y de
        la tierra,
    de todo lo visible y lo invisible.
Creo [confío] en un solo Señor, Jesucristo, Hijo
        único de Dios,
    nacido del Padre antes de todos los siglos:
    Dios de Dios, Luz de Luz,
    Dios verdadero de Dios verdadero,
    engendrado, no creado,
    de la misma naturaleza del Padre,
    por quien todo fue hecho;
    que por nosotros, los hombres,
    y por nuestra salvación bajó del cielo,
    y por obra del Espíritu Santo
    se encarnó de María, la Virgen, y se hizo
        hombre;
    y por nuestra causa fue crucificado
    en tiempos de Poncio Pilato,
    padeció y fue sepultado,
    y resucitó al tercer día, según las Escrituras,
    y subió al cielo, y está sentado a la derecha
        del Padre;

y de nuevo vendrá con gloria
para juzgar a vivos y muertos,
y su reino no tendrá fin.
Creo [confío] en el Espíritu Santo, Señor y dador
de vida,
que procede del Padre y del Hijo,
que con el Padre y el Hijo
recibe una misma adoración y gloria,
y que habló por los profetas.
Creo [confío] en la Iglesia,
que es una, santa, católica y apostólica.
Confieso que hay un solo bautismo
para el perdón de los pecados.
Espero la resurrección de los muertos
y la vida del mundo futuro.
Amén.

¿Por qué confiamos en Dios? Porque Dios confió primero en nosotros ofreciendo su amor incondicional. Y ahora nos invita a corresponderle. Si bien nadie puede mantener esa confianza sin fallar, Dios nunca nos defrauda. Las lecturas de las Escrituras y la homilía acaban de recordarnos el amor constante de Dios y sus obras salvadoras en el pasado y el presente. Vamos hacia el futuro con confianza porque creemos —porque confiamos— en Dios. Vivir la misa, entonces, significa vivir con una confianza absoluta todos y cada uno de los días de nuestra vida. Significa vivir sin temor —es decir, "no temáis"— y ayudar a otros a vivir sin temor al depositar su confianza en Dios y su Iglesia. Con esta confianza podemos vivir sin temores. En las Escrituras una de las frases más repetidas es "No temáis", o variantes como

"No se inquieten", "No tengan miedo", "No teman". Lo cierto es que en esta vida hay mucho a qué temerle. Si bien nuestros miedos acerca de lo peligroso que puede ser el mundo son justificados, tenemos la tendencia a tener un temor mucho mayor: tememos que el amor de Dios no será suficiente. No confiamos en que la gracia de Dios sea todo lo que necesitamos. Por ello buscamos aquello en que poder depositar la confianza, aunque después su incapacidad de satisfacernos nos traicione. A pesar de todo, Dios nos invita a volvernos a él y depositar nuestra confianza en él. En la Biblia, de principio a fin, Dios llega a su pueblo invitándolo a superar el miedo y depositar su confianza en él. Aquí siguen algunos ejemplos:

- "Después de estos sucesos, Abrán recibió en una visión la Palabra del Señor: 'No temas, Abrán; yo soy tu escudo y tu paga será abundante'" (Génesis 15:1).

- "Le dijo: 'Yo soy Dios, el Dios de tu padre. No temas bajar a Egipto, porque allí te convertiré en un pueblo numeroso'" (Génesis 46:3).

- "No temas, que yo estoy contigo; no te angusties, que yo soy tu Dios: te fortalezco y te auxilio y te sostengo con mi diestra victoriosa" (Isaías 41:10).

- "Jesús les dijo: 'No teman; avisen a mis hermanos que vayan a Galilea, donde me verán'" (Mateo 28:10).

- "Jesús, sin hacer caso de lo que decían, dijo al jefe de la sinagoga: 'No temas, basta que tengas fe'" (Marcos 5:36).

- "El ángel le dijo: 'No temas, María, que gozas del favor de Dios'" (Lucas 1:30).

- "Él [Jesús] les dice: 'Yo soy, no teman'" (Juan 6:20).

- "En una visión nocturna el Señor dijo a Pablo: 'No temas, sigue hablando y no te calles'" (Hechos de los Apóstoles 18:9).

- "Al ver esto, caí a sus pies como muerto; pero él, poniéndome encima la mano derecha, me dijo: 'No temas. Yo soy el primero y el último'" (Apocalipsis 1:17).

La confianza que Dios nos tiene, expresada en su voluntad de celebrar un pacto con nosotros, nunca ha menguado, ni siquiera cuando no cumplimos nuestra parte. Sin embargo, en vez de buscar revancha, Dios busca la reconciliación, es decir, restaurar la confianza. Incluso cuando sus amigos más cercanos lo abandonaron en el momento de la crucifixión, Jesús los saludó después de su resurrección diciéndoles: "La paz esté con ustedes" (Juan 20:19). Al igual que nosotros, el apóstol Tomás no podía creer que nada bueno resultara de una experiencia tan espantosa. No creyó en la resurrección hasta que Jesús volvió a entablar contacto con él y le pidió que creyera. Tomás respondió con una Profesión de Fe: "Señor mío y Dios mío" (Juan 20:28).

A pesar de nuestros pecados, Jesús nos ofrece la reconciliación (baste recordar el acto penitencial). Al igual que Tomás, respondemos a ese perdón con una profesión de fe. Cuando profesamos nuestra fe por medio del Credo, dejamos de lado nuestras dudas y temores, y declaramos que tenemos confianza en el Padre, que nos creó y nos ama; en el Hijo, Jesús, que nos redime por su sufrimiento, muerte y resurrección, y en el Espíritu Santo, que nos da vida y nos enseña cómo tener confianza. También declaramos confianza en la relación que tenemos con la Iglesia, es decir, el pueblo de Dios y el Cuerpo de Cristo en la tierra.

> Cuando era adolescente hacía un gran esfuerzo para portarme mal, pero por desgracia siempre fracasaba. Al igual que muchos adolescentes, luchaba por encontrar mi identidad. No quería ser el santito que había sido en la escuela primaria. Quería estar en la onda; por esa razón me dejé crecer el cabello y me vestía como rebelde. Pasaba el rato con chicos de onda y hacía cosas de onda. O al menos eso era lo que yo creía. En realidad, terminaba haciendo cosas realmente tontas. Hacía cosas que no eran las que mi verdadero yo haría. ¿Por qué? Porque no sabía quién era "yo". Al igual que muchos adolescentes, pasé un tiempo muy difícil en el que trataba de adoptar, torpemente, alguna identidad o sentido de vida. Pasaron algunos años hasta que empecé a darme cuenta en qué creía en realidad y quién quería Dios que yo fuera; ahí empecé a obrar en consecuencia con eso. Es difícil saber cómo obrar si no sabemos quiénes somos o en lo que creemos. (JSP)

Es muy divertido observar a los adolescentes, pero puede ser también muy penoso. Como sus cuerpo y su cerebro se están desarrollando, tienden a batallar para definir su personalidad. Su comportamiento suele tornarse errático debido a que no saben bien quiénes son ni quiénes desean ser. Muchos adolescentes no se tienen la fe suficiente como para obrar con confianza y desenvoltura. Es difícil obrar de manera coherente sin un sentido claro de la identidad, el cual todos necesitamos. Y para lograrlo, debemos saber en qué creemos.

El Credo es una oración que expresa nuestra identidad. Nos bautizamos con ese Credo. En el Bautismo de niños son los padres y los padrinos quienes aceptan esta identidad en nombre del niño cuando responden con un sí a las promesas bautismales tomadas del Credo. Nos dieron vestiduras bautismales como símbolo de esa nueva identidad. ¡Somos lo que vestimos! Cuando un adulto es recibido en la Iglesia por medio de los sacramentos de iniciación, se le enseña el Credo unos días antes de que se celebren los sacramentos. Esto simboliza las identidades en formación de aquellos que están por bautizarse. El mensaje es claro: quien desee ser discípulo de Jesús, debe depositar su confianza en él; es decir, debe saber quién es aquel en que cree y por qué. Con esta firme convicción es posible vivir de manera coherente.

Tener fe y vivir de manera coherente no supone, sin embargo, tener la certeza absoluta de todo. En el Evangelio de San Juan, el apóstol Tomás duda que Jesús hubiera resucitado (véase Juan 20:24–29). Por desgracia, durante siglos se ha criticado a Tomás por dudar, cuando, en realidad, su reacción es un ejemplo de la conexión inseparable entre la fe y la duda. La fe, si no es acompañada por la duda, puede convertirse en arrogancia moral. Khalil Gibran (1883–1931), poeta, filósofo y artista libanés-estadounidense, escribió: "La Duda es un dolor cuya soledad me hizo olvidar que ella y la Fe son gemelas".

Las Escrituras dan un ejemplo de la relación entre la duda y la fe en Marcos 9:14–29, cuando Jesús se encuentra con el padre de un muchacho poseído por un demonio. El padre dice: "... si puedes hacer algo, [...] ayúdanos", a lo que Jesús responde: "¿Que si puedo? Todo es posible para quien cree". El padre responde: "Creo; pero ayuda mi falta de fe". Y Jesús expulsa al demonio y a la vez le infunde fe a un hombre que antes dudaba. Tener fe significa estar seguro de algo y, a la vez, tener esperanza de ello. Mientras crecemos en la fe, no nos volvemos más seguros, pero sí mejoramos nuestra habilidad de confiar. Esta confianza en Dios —Padre, Hijo y Espíritu Santo— nos guía en momentos de duda y nos ayuda a vivir día a día como discípulos de Jesucristo.

Cuando creemos que Dios es nuestro Padre y que es el creador de todo lo que se ve y lo que no se ve, podemos vivir como hermanos y hermanas que se aprecian entre sí y que aprecian la creación. Vivimos como personas que reconocemos no tener el control de todo, sino que en todo dependemos de Dios, nuestro creador. Nos levantamos a diario y vamos a trabajar sabiendo que, como hijos del Creador del universo, hechos a su imagen, tenemos una semejanza asombrosa con él. Cuán grandioso es creer que somos copartícipes en la creación continua de Dios.

Cuando creemos que Jesús, el Hijo de Dios, fue como uno de nosotros, vivimos respetando la dignidad propia y la de los demás, sabiendo que nuestro Dios tiene un costado humano. Cuando creemos que Jesús sufrió, murió y resucitó de entre los muertos, podemos vivir confiando que nada nos puede separar del amor de Dios, ni aún la muerte. Cuando creemos que Jesús vendrá otra vez, vivimos con la esperanza de tener un futuro asegurado.

Cuando creemos que el Espíritu Santo es el Señor, el dador de vida, vivimos sin temor, sabiendo que no estamos

solos, sino que el espíritu del Cristo resucitado está con nosotros todo el tiempo.

Cuando creemos que la Iglesia es "una, santa, católica y
apostólica", vivimos como personas que buscamos la unidad,
que buscamos cumplir la voluntad de Dios, que aceptamos la
diversidad y que somos enviados a una misión que nos asig-
naron aquellos que caminaron con Jesús.

Cuando creemos en la vida eterna, vivimos con perspectiva y sin ansiedad, sabiendo que Dios tiene un plan para
que vivamos con él durante toda la eternidad.

A todo esto solo podemos responder de una sola
manera, que es con la última palabra del Credo: ¡Amén!

Los otros seis días de la semana

Con respecto a la vida cotidiana, el Credo nos invita y nos
desafía a

- depositar nuestra confianza en Dios —Padre, Hijo
  y Espíritu Santo;

- vivir con confianza, convicción y valor;

- vivir sin temores y ayudar a otros a disipar sus
  temores;

- aceptar las dudas como caminos hacia la fe;

- obrar según nuestras creencias y como discípulos
  que somos de Jesús;

- saber y entender palabras que nos ayuden a expresar lo que creemos acerca de nuestra relación con Dios y la Iglesia;

- respetar toda la creación de Dios;

- reconocer el rostro de Jesús en todo ser humano;

- vivir con un sentido de identidad y obrar en consecuencia;

- revestirnos de Cristo cada día.

■ ■ ■

Esta es nuestra fe. Esta es la fe de la Iglesia, que nos gloriamos de profesar, en Jesucristo, nuestro Señor.

El Ritual para el Bautismo

7

Ora como si de ello dependiera tu vida

La Oración Universal

Al inicio de mi sacerdocio, mientras iba de camino a dar clases en el seminario menor, solía hacer una parada diaria en un convento para celebrar misa temprano en la mañana. Cuando llegaba el momento de la Oración Universal, ofrecía a las hermanas presentes la oportunidad de compartir sus plegarias. En uno de los conventos las oraciones se desarrollaban todos los días siguiendo el mismo patrón. Esto me hizo tomar conciencia de los problemas y las preocupaciones que generaba a diario la vida comunitaria en aquel convento. Una de las hermanas, después de recordar a alguna compañera fallecida o que alguna otra hermana cumplía otro aniversario desde que había hecho sus votos perpetuos, solía prorrumpir en una serie de peticiones claramente dirigidas hacia otra hermana en la capilla. Era evidente la frustración expresada en su voz, pues esta hermana rogaba que cesaran los chismes o que cada una llevara su carga. Luego, otra hermana, que con justa razón o no se sentía atacada, se defendía implorando más caridad cristiana en todas aquellas que habían hecho sus votos religiosos. Esto animaba a otra de las hermanas a expresar en oración su desilusión por el comportamiento de alguna otra hermana. Y así seguía el asunto hasta que la más anciana, y evidentemente la más sabia de todas, con mucha exasperación pero conservando una actitud de santidad, oraba para que todas se llevaran bien. Por gracia de Dios, esa petición, quizás la más desesperada, honesta y franca, generaba un silencio que me permitía hacer el cierre de la Oración Universal. Esta oración, para bien o para mal, revela nuestro verdadero ser en la presencia de Dios: implorando con desesperación la gracia necesaria para enfrentar las luchas de la vida diaria. (DJG)

La misa nos envía con la convicción de que necesitamos orar como si de ello dependiera nuestra vida; y así es. Nos retiramos de la iglesia con inquietudes renovadas por las necesidades de los demás y las de la Iglesia y el mundo. Nos retiramos sabiendo que nuestra vida no está completa y que solo la fe en Dios trae plenitud. Salimos al mundo recordando que el dolor y el sufrimiento son una realidad en esta vida, pero nuestra confianza se ve reafirmada en que Dios proveerá la gracia necesaria para vencer esos obstáculos. ¿Cómo lo logramos? Por medio de la Oración Universal —oraciones ofrecidas en nombre de los demás— gracias a la cual aprendemos a acercarnos a Dios; de esta manera podemos estar seguros de que hallaremos lo que necesitamos, que él contestará nuestras oraciones y que abrirá las puertas que hagan falta.

Debemos enfrentar el hecho de que somos personas con problemas. Todos los días enfrentamos de manera directa todo tipo de problemas, desafíos, tristezas e incluso trage- dias. La pregunta, que es la misma que se plantea en el tema de la película *Los Cazafantasmas*, es: "¿A quién vas a llamar?". Cuando hay dificultades, solemos confiar en alguien que sabemos que podrá ayudar. Las lecturas de las Escrituras nos acaban de recordar las grandes obras de Dios en la vida de su pueblo. En consecuencia, en el Credo expresamos nuestra absoluta confianza en Dios. Es lógico ahora invocar a Dios en la Oración Universal.

¿En qué consiste en realidad la oración? ¿Qué función debería cumplir tanto en la liturgia como en la vida? En pri- mer lugar, tenemos algunos ejemplos en la Iglesia primitiva. En los Hechos de los Apóstoles vemos que los primeros cris- tianos creían fervientemente en el poder de la oración. Dice que "se reunían frecuentemente para escuchar la enseñanza de los apóstoles, y participar en la vida común, en la frac- ción del pan y en las oraciones" (Hechos 2:42). En su epístola a los tesalonicenses San Pablo les escribió: "Oren sin cesar" (1 Tesalonicenses 5:17). Orar por las necesidades de la comu- nidad y del mundo era una parte esencial de las primeras comidas eucarísticas en los primeros tiempos de la Iglesia en crecimiento. Los creyentes, reunidos alrededor de la mesa, escuchaban las historias de Jesús y oían las palabras que él habló durante su ministerio. Se les exhortaba a vivir vidas de fe mientras leían en público las epístolas de Pablo y de los otros apóstoles. Compartían la comida eucarística y levanta- ban sus plegarias por los enfermos, mártires, perseguidos y aquellos que pasaban necesidad o aflicción.

Sin embargo, en algún momento estas intercesiones, conocidas como la Oración Universal, perdieron su preponderancia en la misa. Durante siglos la función de la congregación en misa era cada vez más pasiva y el sacerdote asumía cada vez más la responsabilidad de ofrecer plegarias en nombre de los congregados. Por suerte, los cambios en la misa que surgieron a partir del Concilio Vaticano II en la década de los sesenta volvieron a dirigir la atención en la "participación plena, consciente y activa" (Constitución *Sacrosanctum Concilium* sobre la Sagrada Liturgia, 14) de todos los fieles en las celebraciones litúrgicas. Una manera de lograrlo fue reinstaurando la Oración Universal en la liturgia. En la actualidad el *Catecismo de la Iglesia Católica* enseña que para un seguidor de Jesús la oración no es una alternativa, sino que "oración y *vida cristiana* son *inseparables*" (*Catecismo de la Iglesia Católica*, 2745). De hecho, la oración es uno de los cuatro pilares de la fe católica, junto con el Credo, los sacramentos y la vida moral.

En la misa la Oración Universal ocurre en el momento adecuado. Viene a continuación de la homilía y la profesión de fe (el Credo). Inspirados por la Palabra de Dios, animados a transformar nuestra vida y con la confianza depositada en el Padre, el Hijo y el Espíritu Santo, nos acercamos a Dios con nuestros deseos más íntimos y le pedimos que su gracia nos transforme. Los ritos de reunión y la Liturgia de la Palabra nos recuerdan que Dios es Dios y que nosotros, no. Nos damos cuenta de que dependemos de él para todo e intuimos que debemos orarle a él. No podríamos cerrar un ojo ni respirar si no fuese por su gracia. En respuesta a esta gracia admirable, recurrimos a la fuente de vida para ofrecerle nuestras plegarias.

Reconocer esta dependencia absoluta en Dios es fundamental para saber qué significa el Bautismo. Por esta razón los catecúmenos —es decir, quienes se preparan para el Bautismo— se retiran de la liturgia antes de la Profesión de Fe y la Oración Universal. Se retiran de la asamblea para poder reflexionar en la Palabra de Dios. Esto no ocurre en cualquier momento elegido al azar. El hecho de que los que se preparan para el Bautismo se retiren antes de la Profesión de Fe y la Oración Universal es un mensaje, no solamente para ellos, sino para los que quedan. Es un recordatorio de que proclamar la confianza absoluta en Dios y acercarse a él en oración no debe tomarse a la ligera, sino que debe haber una transformación completa. Los que se retiran lo hacen para reflexionar sobre su deseo cada vez mayor de comprometerse en cuerpo, mente y alma con el Señor, un compromiso que llevará al Bautismo en Jesús y a la comunión con él. Los que se quedan no están exentos. Son plenamente conscientes de sus limitaciones y dependencia absoluta en Dios. Saben que es imposible anunciar el Evangelio por sus propios medios, así que es necesario orar. En la Oración Universal compartimos nuestras necesidades y preocupaciones en común. Respondemos en comunidad y ello nos recuerda que no estamos solos en la tarea de anunciar el Evangelio de Jesús al mundo. Creemos con todo nuestro corazón que el Dios que nos ama escuchará estas oraciones.

A diferencia de otras partes de la misa, la Oración Universal sufre modificaciones, hasta cierto punto, según el tipo de liturgia. Es común que haya párrocos en un equipo de planificación de liturgia o miembros del equipo pastoral que compongan las intercesiones. Las peticiones compuestas de antemano pueden estar inspiradas en los breviarios, libros de oración o en otros recursos litúrgicos. Lo ideal es que las plegarias se ajusten a las lecturas de las Escrituras para la liturgia, el tiempo litúrgico o la fiesta que se celebre, así como a las necesidades en particular de la congregación. Del mismo modo, las oraciones deben ser lo más genéricas posibles como para incluir a todos y lo suficientemente específicas como para que sea pertinente para todos los congregados para esa liturgia en especial. La respuesta comunitaria, en voz alta, es por naturaleza intercesora: "Te lo pedimos, óyenos", "Te rogamos, óyenos" o "Señor, escucha nuestra oración".

> Convencido de que nadie se atrevería a cuestionar su autoridad, mi profesor dijo: "Toda oración es una respuesta a Dios". Por supuesto, yo me creía más listo y, sin titubear, levanté la mano y dije: "Disculpe. No estoy de acuerdo con eso que usted dijo de que *toda* oración es una respuesta a Dios. ¿Y las peticiones? Cuando hacemos una petición, no le estamos respondiendo a Dios. Somos nosotros los que iniciamos la oración; somos nosotros los que hacemos el contacto inicial y rogamos a Dios que nos responda". No bien hube terminado la frase, una sonrisa se dibujó en el rostro del profesor. Me di cuenta de que me destrozaría a la vista de mis compañeros de clase, que respiraban aliviados por haber guardado silencio. "En primer lugar, ¿por qué cree usted que ofrecemos peticiones a Dios?", preguntó. Y siguió diciendo: "Le pedimos a Dios que escuche nuestras oraciones porque en el pasado él obró de maneras maravillosas, ya sea en nuestra vida o en la vida de los demás. Y es precisamente porque vimos que Dios hizo obras asombrosas en el pasado que *respondemos* acercándonos a él para pedirle algo más". Doy fe de que, hasta el día de hoy, creo sin lugar a dudas que toda oración es una respuesta a Dios. (JSP)

¿Qué es lo que oramos y por quién oramos en la Oración Universal? En cierto modo, oramos por todo aquello que existe bajo el sol. Después de haber escuchado la proclamación de las asombrosas obras de Dios y de su presencia entre nosotros, respondemos acercándonos a él con todo tipo de inquietudes. Al mismo tiempo, siguiendo el consejo de San Pablo para que las liturgias se desarrollen de manera ordenada (véase 1 Corintios 14:26–40), presentamos las peticiones de manera ordenada. De hecho, las intenciones siguen un orden específico: nos sugieren qué y por quién oramos, no solo en esta liturgia, sino durante la semana. Después de que el sacerdote invita a los fieles a orar, las intenciones, ofrecidas por un diácono, un cantor, un lector o miembro de la asamblea, siguen este orden:

- "Por las necesidades de la Iglesia". Como miembros bautizados de la Iglesia, oramos por su misión y sus líderes.

- "Por los que gobiernan y por la salvación del mundo". Conscientes de que estamos en misa para el expreso propósito de ser enviados al mundo, oramos por el mundo, por los gobernantes y por las distintas crisis mundiales que necesiten de nuestra atención.

- "Por los que sufren por cualquier dificultad". Recordamos en especial las necesidades de los pobres y los desprotegidos de la sociedad.

- "Por la comunidad local". Oramos unos por los otros y por las necesidades de nuestras familias, parroquias, comunidades, barrios, ciudades y pueblos. Oramos específicamente por los enfermos, por quienes los atienden, por los que fallecieron y por sus seres queridos.

- Por otras intenciones. Como muchos tenemos necesidades específicas que quizás otros no conozcan, se nos invita a compartirlas con la asamblea en voz alta o presentárselas a Dios en silencio.

El sacerdote termina la Oración Universal con un ruego que une todos nuestros ruegos a Dios por medio de Jesús. Tomamos asiento sabiendo que pusimos nuestra vida en manos de Dios, confiando en su misericordia, cuidado y compasión, y preparándonos a entablar una comunión más íntima con su Hijo, Jesús, que nos acompañará cuando nos retiremos.

Como se trata de oraciones que cambian constantemente para expresar las necesidades de los congregados, la Oración Universal nos alienta de distintas maneras a vivir el llamado bautismal cuando nos vamos de la iglesia. La Oración Universal, que sirve de cierre a la Liturgia de la Palabra, es una sombra de las oraciones que levantaremos en breve ante el altar para ofrecer nuestros dones a Dios en la Liturgia de la Eucaristía.

Los otros seis días de la semana

Con respecto a la vida cotidiana, la Oración Universal nos invita y nos desafía a

- vivir teniendo en cuenta nuestra dependencia total de Dios;

- orar conforme a esa dependencia total de Dios;

- tener presente las maravillosas obras de Dios y responder buscando su gracia permanente;

- ser diligente, compasivo y sensible a las necesidades del mundo y las comunidades locales;

- visitar a los enfermos y a los que los cuidan;

- llevar consuelo a los familiares de los fallecidos;

- llevarle a Dios todas nuestras necesidades, inquietudes y deseos;

- asumir nuestro legítimo papel activo en la misión de la Iglesia.

■ ■ ■

Sin oración cosa muy difícil es que nos podamos salvar; tan difícil que, como lo hemos demostrado, es del todo imposible. [. . .] ¿qué se necesita para salvarnos? Que digamos: Dios mío ayudadme; Señor mío, amparadme y tened misericordia de mí. Esto basta. ¿Hay cosa más fácil? Pues, repitámoslo; que si lo decimos bien y con frecuencia, esto bastará para llevarnos al cielo.

San Alfonso María de Ligorio,
El gran medio de la oración

8

Corresponsables de los dones de Dios

La preparación de los dones

El ujier, que se decía ser un hombre chapado a la antigua, vino a verme en la escalinata de la iglesia antes de que terminara el himno de conclusión de la misa. Visiblemente atónito, me contó que una mujer había colocado un billete de cinco dólares en la canasta de las ofrendas y después sacó dos de un dólar. Estaba tan molesto que me hizo pensar que sufriría un infarto en mis narices. Durante todo el tiempo que había servido como ujier nadie había hecho cosa semejante. ¿Qué haría yo al respecto? Le agradecí su preocupación, le dije que me haría cargo del asunto y lo envié al vestíbulo para hacer sociales una vez terminada la liturgia. Quizás una rosquilla lo calmaría. Pero antes de que pudiera recobrar el aliento, se me presentó la mujer de la que el ujier había hablado, llorando desconsoladamente para contarme su historia. No solía asistir a esta parroquia, sino que iba de camino a la residencia de ancianos de la cuadra para visitar a su hermana que agonizaba. Primero vino a misa. Cuando colocó los cinco dólares en la canasta de las ofrendas, se dio cuenta en seguida de que ese era todo el dinero que llevaba. Como necesitaba dinero para el viaje de regreso a su casa se atemorizó y volvió a colocar la mano en la canasta para sacar dos billetes de un dólar. Cuando vio esto, el ujier la enfrentó y la acusó de ladrona. Era evidente que se sintió molesta, y a la vez enojada, culpable y confundida. Le aseguré que estaba todo bien y en ese momento vi que el ujier venía temblando hacia nosotros con una taza de café en las manos. ¡Las delicias de ser el pastor del rebaño de Dios! No creo que de esto se trate el juntar la ofrenda durante la preparación de los dones. (DJG)

Cuando nos preparamos para "ir en paz", lo hacemos con un espíritu de generosidad; somos conscientes de que la gracia de Dios es más que suficiente. Volvemos al mundo deseando compartir nuestro tiempo, talento y riquezas con otros y con Dios. También nos damos cuenta de que, porque recibimos abundantemente la gracia y las bendiciones de Dios, se nos hace un llamado a que demos a otros. ¿Cómo es que la misa ha logrado esto en nosotros? En la presentación de las ofrendas ofrecemos pan y vino como símbolos de nuestro sustento. Por medio de nuestra ofrenda manifestamos nuestra convicción de que solo estamos devolviéndole a Dios aquello que le pertenece.

Los Ritos Iniciales y la Liturgia de la Palabra dejaron en claro que somos receptores de cosas realmente maravillosas: gracia, perdón, reconciliación, salvación, plenitud y una relación íntima con un Dios que no deja de amarnos. Hasta ahora hemos respondido de palabra. Ahora, a medida que nos introducimos en la Liturgia de la Eucaristía, respondemos con acciones.

La Liturgia de la Eucaristía comienza con un breve rito de transición conocido como preparación de los dones. Durante este ritual los miembros de la congregación traen los dones, es decir, el pan y el vino, que para nosotros serán el Cuerpo y la Sangre de Jesús. En los comienzos de la Iglesia, cuando los cristianos se reunían en las casas para celebrar la Eucaristía, se acostumbraba a compartir pan y vino en ese banquete sagrado. Sin embargo, a medida que la Iglesia creció, esta costumbre se tornó poco práctica. En la actualidad el pan y el vino se compran de antemano y se reciben dentro de la asamblea para que los representantes los puedan traer al altar.

Al mismo tiempo se celebra otro evento importante: la ofrenda.

Por desgracia, se suele considerar la ofrenda únicamente como un medio para que la parroquia pueda pagar sus cuentas. Muchos de nosotros en la asamblea no vemos esto como un acto espiritual, como una manifestación del modo en que deseamos vivir los otros seis días de la semana. Si tuvimos la mente lo suficientemente abierta durante los Ritos Iniciales y la Liturgia de la Palabra, a estas alturas de la misa deberíamos admitir sin dudar que Dios siempre dio y lo sigue haciendo. Los Ritos Iniciales y la Liturgia de la Palabra nos recuerdan que sin la gracia de Dios no podemos hacer nada. Es el mismo mensaje, aunque algo sutil, que recibimos el Miércoles de Ceniza. Recordar que somos polvo no es denigrante; por el contrario, nos recuerda lo afortunados que somos de tener un Dios que transforma el polvo a su imagen y nos hace participar en su creación. De la misma manera, los Ritos Iniciales y la Liturgia de la Palabra también nos lo recuerdan y nos preparan a responder con gratitud por este regalo.

Si la liturgia pudiera hablarnos, nos daríamos cuenta de que es la gracia de Dios lo que nos permite la realización plena. En un dramático pasaje de la película *El exorcista*, los sacerdotes que hacen el exorcismo le gritan varias veces a la muchacha poseída: "¡El poder de Cristo te obliga!". La liturgia, con menos dramatismo, proclama el mismo mensaje: solo el poder de Cristo nos obliga. Admitimos lo que una vez admitiera San Pablo: que, comparado con la gracia de Dios, todo lo demás es basura (véase Filipenses 3:8). Cuando admitimos que el poder de Cristo nos obliga, podemos prescindir de todo aquello —dinero, poder, posesiones— que erróneamente creemos nos dará la felicidad. Si no admitimos que el poder de Cristo nos obliga, seremos presa fácil de otros "ídolos" que nos obligan o nos "poseen".

En la Profesión de Fe proclamamos que creemos y confiamos en Dios como creador de todo lo que se ve y lo que no se ve. En este Credo manifestamos que todo lo que tenemos es un don de Dios. Respondemos viviendo como corresponsables de los dones de Dios y utilizándolos con sabiduría para el bien de todos. Un sinónimo de corresponsable es *administrador*. Los católicos creemos que debemos vivir como sabios administradores de la creación de Dios y reconocer que todo lo que somos y lo que tenemos le pertenece a Dios. Como en última instancia no poseemos nada, sino que se nos confía el cuidado de todo aquello que le pertenece a Dios, no podemos acumularlo todo para nosotros. La corresponsabilidad nos pide a los católicos cuidar de manera responsable los dones de Dios y compartir generosamente nuestro tiempo, talento y riquezas.

La corresponsabilidad, en consecuencia, no es un programa parroquial ni se trata en última instancia de dinero. Es una actitud y un estilo de vida. La corresponsabilidad implica un estilo de vida que refuerza nuestra relación con Dios y con nuestros hermanos y hermanas, y nos pide poner nuestra vida en Jesús en vez de en nosotros mismos. (Recordemos los Ritos Iniciales y su llamado a superar las actitudes narcisistas).

Jesús fue el corresponsable supremo. Recordemos la historia de Jesús cuando estuvo cuarenta días en el desierto. Al igual que nosotros, el diablo lo tentó a poner su vida en manos de la comodidad personal, las posesiones materiales y el poder. No obstante, Jesús eligió poner su vida, no en su propia voluntad, sino en la del Padre. Jesús se dio con generosidad a sí mismo, compartió con otros sus dones de enseñanza y sanidad y terminó realizando el acto más desinteresado de todos: dio su vida por los demás. Como discípulos de Jesús, nos esforzamos por vivir como él vivió.

Como seguidores de Jesús, vivimos el llamado a ser mayordomos en tres áreas de nuestra vida: tiempo, talento y riquezas. A medida que analicemos estas tres áreas, mostraremos también cómo los tres votos tradicionales de los hombres y mujeres que viven en comunidades religiosas —es decir, pobreza, castidad y obediencia— son manifestaciones contundentes del tipo de corresponsabilidad que debemos vivir para sustentar una comunidad cristiana saludable.

Dar nuestro tiempo

Todos conocemos el refrán "El tiempo es oro". Es otra manera de decir que el tiempo es valioso. Es otra manera de decir que el tiempo es un don. Nadie puede reclamar la propiedad del tiempo que se nos dio en esta tierra. Ni tampoco sabemos cuánto de este don se nos ha dado. Se nos pide que utilicemos ese tiempo de manera desinteresada. Reflexionemos en la frase que dice: "Nadie en su lecho de muerte piensa: 'Ojalá hubiera pasado más tiempo en la oficina'". Es decir, cuando miramos hacia atrás, solemos evaluar si aprovechamos bien el tiempo y si en ese tiempo que se nos dio prestamos atención a las necesidades de los demás.

En la famosa obra de Charles Dickens *Canción de Navidad* Ebenezer Scrooge felicita al fantasma de su antiguo socio, Jacob Marley, por haber sido un buen empresario. Pero el fantasma de Marley contesta con remordimiento: "¡Negocios! [. . .] El género humano era lo que debía importarme. El bienestar común era lo que incumbía; la caridad, la piedad, la indulgencia y la benevolencia eran cuenta mía. ¡Los tratos de mi comercio apenas si constituían una gota de agua en el inmenso océano de mis quehaceres!". No solo aprende Ebenezer Scrooge una lección de cómo utilizar su dinero; aprende también en qué invertir su tiempo.

Del mismo modo, el llamado a seguir más de cerca a Jesús es un llamado a aprovechar al máximo el tiempo que se nos ha dado para servir a los demás. Se nos hace un llamado a utilizar nuestro tiempo para atender las necesidades de los demás en el trabajo, en el hogar, con nuestros amigos, parroquia, comunidad y hermanos y hermanas en el mundo. El llamado a ser corresponsables es también un llamado a que separemos tiempo para la recreación y el descanso de nuestro cuerpo, mente y espíritu. La historia de la creación que se narra en Génesis nos cuenta que Dios considera que el descanso es tan importante, que separó especialmente un tiempo —el sabbat— para lo que se considera recreación.

En la tradición católica los hombres y las mujeres de las comunidades religiosas hacen un voto de obediencia. Este voto no consiste en que un superior diga: "¡Salte!" y que el religioso pregunte: "¿Cuán alto debo saltar?". Es un voto que tiene que ver con la responsabilidad, con la manera en que se utiliza el tiempo. Los miembros de las comunidades religiosas no son "llaneros solitarios" que van y vienen a su antojo. La manera en que aprovechan el tiempo tiene que ver con las necesidades de su comunidad. Todos nosotros, como miembros de distintas comunidades —familias, parroquias, barrios, lugares de trabajo— estamos llamados a tener en cuenta las necesidades de la comunidad cuando decidimos de qué manera aprovechar el tiempo. Como católicos bautizados, somos responsables unos con otros y se nos hace un llamado a utilizar el tiempo de manera sabia, no para necesidades egoístas, sino para las necesidades de la comunidad.

Dar nuestro talento

Cuando decimos que alguien es "talentoso" o "dotado", nos referimos a su gran talento en algún aspecto de la vida. No obstante, todos somos talentosos, sin importar el nivel de talento que tengamos. Dios nos ha regalado talentos que podemos usar al servicio de los demás. Estos talentos pueden hallarse en nuestras capacidades, intereses y personalidad.

En sí misma, la oportunidad de usar nuestros talentos para atender las necesidades de los demás y darle gloria a Dios es un don. Lo hacemos por medio del trabajo, nuestra vida familiar y el servicio que podamos brindar a otros en nuestra comunidad parroquial y más allá.

Jesús dio un ejemplo de la importancia de usar los talentos que Dios nos dio en una parábola que se conoce como la parábola de los talentos (véase Mateo 25:14–30). En esta historia la palabra *talento* se refiere a una moneda que tenía mucho valor. Según la parábola, había un hombre que, antes de partir de viaje, llama a sus sirvientes y les encarga su fortuna: cinco talentos al primero, dos talentos al segundo y un talento al tercero. Dos de los sirvientes invierten en seguida los talentos y duplican los montos; pero el sirviente que tenía un solo talento, por temor, lo entierra. A su regreso, el amo recompensa a los sirvientes que invirtieron los talentos y reprende al que por temor escondió el talento. Jesús nos enseña que nuestros talentos —nuestros dones— deben utilizarse, aun si existe algún riesgo. No debemos acumular talentos para nosotros mismos. Jesús enseña que nadie enciende una lámpara y la cubre con un cajón, sino que la coloca "en el candelero para que alumbre a todos en la casa. Brille igualmente la luz de ustedes ante los hombres, de modo que cuando ellos vean sus buenas obras, glorifiquen al Padre de ustedes que está en el cielo" (Mateo 5:15–16).

Los hombres y mujeres que forman parte de las comunidades religiosas hacen voto de castidad. Por desgracia, solemos pensar que la castidad está pura y exclusivamente relacionada con el plano sexual cuando, en verdad, la castidad tiene que ver con compartir adecuadamente nuestros talentos con los demás. Para los religiosos el voto de castidad es la promesa de mantenerse célibes para compartir apropiadamente sus talentos con todo el pueblo de Dios. A los solteros también se les hace un llamado a mantenerse castos en sus relaciones. Los casados están llamados a compartir fielmente todo su ser con sus cónyuges para así poder compartirse ellos mismos de manera adecuada con sus familias y comunidades. Cuando compartimos adecuadamente nuestro ser con otros según nuestra condición en la vida, podemos compartir libremente nuestros talentos y dones con el resto de la comunidad.

> Mi familia suele participar de la lotería semanal. Una vez nos reunimos para un festejo familiar y nos pusimos a comentar lo que cada uno haría con el dinero si algún día obteníamos el premio mayor. Muchos hablaron de comprar casas nuevas, viajes y otros lujos. Mi hermano John, sin embargo, pensaba diferente. "Sería filántropo y lo daría todo", dijo. Todos lo miramos como si fuese de otro planeta. "Siempre quise ser filántropo", dijo. Me di cuenta de que en verdad lo era. No tenía millones para regalar, pero era muy generoso con lo que sí tenía. Parecía que John supiera que nuestro tiempo aquí en la tierra es breve y que nada de lo que acumulemos en esta vida llegará a la otra, de modo que era mejor compartirlo. (JSP)

Dar nuestras riquezas

Nuestra sociedad le da muchísimo valor a las posesiones materiales. No está mal disfrutar las cosas maravillosas, e incluso los lujos, que la humanidad ha producido gracias al talento que Dios le dio y gracias a los recursos de Dios. Pero la manera en que utilizamos nuestras posesiones revela cuáles son en realidad nuestras actitudes y prioridades. La humildad nos recuerda que no nos ganamos esas posesiones, sino que hemos sido bendecidos con ellas. Nuestro llamado a vivir como seguidores de Jesús nos desafía a tener en cuenta la justicia. Y la justicia tiene que ver con cómo consideramos las necesidades materiales de los demás. Nuestra fe cristiana pone en primer lugar el cuidar de los pobres.

Cuando de dinero se trata, solemos pensar que es nuestro. Una de las actitudes de un sabio administrador es pensar que solo se gana dinero por medio de la gracia de Dios. Como tal, un sabio administrador cristiano trata el dinero de la siguiente manera:

- Todo lo que ganamos le pertenece a Dios.

- Dios reconoce que necesitamos un buen porcentaje de ese dinero para nuestras necesidades y las de nuestra familia.

- Al mismo tiempo, Dios nos alienta a que tengamos fe y, ante todo, seamos agradecidos por el don de ese dinero apartando un cierto porcentaje de ese ingreso para devolverle a él.

En el Antiguo Testamento, el monto sugerido —diez por ciento del ingreso, o diezmo— debe entenderse en el contexto adecuado. Como Israel se había convertido en una teocracia, este monto debía considerarse como impuesto sobre la renta, una "donación" obligatoria para financiar las obras de gobierno. Por otra parte, la caridad siempre se consideró un acto voluntario. El Nuevo Testamento no nos exige a los cristianos que demos un diezmo. En vez de sugerir un porcentaje, el Nuevo Testamento sugiere que tengamos una actitud dadivosa, como lo expresó San Pablo en su segunda epístola a los corintios:

Según aquello: A siembra mezquina cosecha mezquina, a siembra generosa cosecha generosa. Cada uno aporte lo que en conciencia se ha propuesto, no de mala gana ni a la fuerza, porque Dios ama al que da con alegría (2 Corintios 9:6–7).

¿Qué significa esto para un católico que quiere saber cuál es el monto correcto que tiene que dar? Significa que, si bien nadie puede determinar cuál es el porcentaje apropiado en cada caso, se debe dar un porcentaje que sea proporcionado a lo que se ha recibido y según lo dicten las circunstancias. (Según un estudio realizado en 2001 por *Independent Sector*, los estadounidenses promedio dan anualmente alrededor del 3.2 por ciento de sus ingresos, antes de deducir los impuestos, para fines caritativos). El acto mismo de determinar un porcentaje del ingreso para devolverle a Dios significa que no damos según lo que nos queda, sino como señal de agradecimiento, reconociendo que todo ingreso es un regalo de Dios. Esta manera de dar es un acto de adoración, pues le estamos dando a Dios lo mejor de lo que tenemos, con el corazón agradecido y alabándole. Esta manera de dar es un acto de confianza, pues no damos porque nos sobra, sino porque necesitamos. Esta manera de dar promueve la humildad, pues no nos hacemos la ilusión de que estamos dando algo que es nuestro. La corresponsabilidad no significa dar un porcentaje de lo que nos pertenece, sino que es una manera de reconocer que tenemos la bendición de poder retener un gran porcentaje de lo que le pertenece a Dios después de devolverle un pequeño porcentaje de lo que ya le pertenece a él. Esto es distinto a la historia de aquel niño cuya madre trajo a la iglesia con dos monedas de veinticinco centavos, una en cada mano. Una vez la madre le dijo al niño que con una de las monedas podía comprarse una barra de chocolate en la tienda después de misa. La otra era para Dios. Le dijo al niño que pusiera esa moneda en la canasta de las ofrendas en misa. Mientras corría alegremente al lado de su madre yendo a la iglesia, aferrando fuertemente las monedas, tropezó y se le escapó una de las monedas, que fue a caer a un sumidero. Sin parpadear, el niño miró a su madre y dijo: "¡Qué lástima! La moneda de Dios cayó en el sumidero".

En las comunidades religiosas, los hombres y las mujeres hacen voto de pobreza. Esto no significa andar vistiendo harapos y sin un centavo. La pobreza es una actitud de desprendimiento de los bienes materiales. Los hombres y mujeres que hacen votos en comunidades religiosas se comprometen a no poseer los bienes materiales, sino a compartirlos con la comunidad, reconociendo que Dios los bendijo de muchas maneras. Del mismo modo, todos los cristianos deben vivir con una actitud de desprendimiento de los bienes materiales y deben reconocer la gracia abundante de Dios. Esto no significa que los bienes materiales sean malos, pero la manera en que los tratamos puede ser dañina si somos demasiado posesivos. Cuando nos desprendemos de los bienes materiales, reconocemos que solo la gracia de Dios nos sostiene en verdad, y esto nos permite compartir con más libertad cualquier riqueza que tengamos.

Una vez estaba dando clase a los alumnos de segundo año del seminario menor. Estaba enseñando sobre los votos tradicionales que hacen los hombres y mujeres de las comunidades religiosas: pobreza, castidad y obediencia. Hice una pregunta general sobre qué opinaban los jóvenes sobre este estilo de vida. En seguida un alumno levantó la mano y dijo: "Parece un gran desafío. Es un estilo de vida muy duro. Creo que mejor será que me case". Por supuesto tuve que contener las carcajadas. La idea de que, de algún modo, el matrimonio sería "más fácil" que la vida religiosa indicaba una falta total de conocimiento sobre lo sacrificado de la vida matrimonial, al igual que en cualquier tipo de vida cristiana comprometida. Les dije que si no estaban dispuestos a practicar la pobreza, la castidad y la obediencia en un matrimonio, se llevarían una gran sorpresa. Lo cierto es que no importa el estilo de vida que adoptemos, podemos servir verdaderamente a Dios y a los demás solo desprendiéndonos de lo material, compartiendo de manera adecuada nuestro ser con los demás y siendo responsables ante las comunidades de las que somos parte. (JSP)

Finalmente, la corresponsabilidad no es un programa diseñado para sustentar a la parroquia; es un estilo de vida. Se nos exhorta a compartir nuestro tiempo, talento y riquezas con las distintas comunidades de las que somos parte: familia, lugares de trabajo, barrios, parroquias, ciudades, pueblos, etcétera. La preparación de los sencillos dones del pan y el vino, al igual que nuestra ofrenda monetaria voluntaria, simboliza el sacrificio que debemos hacer día a día para alabanza y gloria del nombre de Dios, por nuestro bien y por el bien de toda la santa Iglesia de Dios.

Los otros seis días de la semana

Con respecto a la vida cotidiana, la preparación de los dones nos invita y nos desafía a

- compartir nuestro tiempo, talento y riquezas con las distintas comunidades a las que pertenecemos: familias, lugares de trabajo, barrios, ciudades, pueblos, etcétera;

- vivir, trabajar y divertirnos con un espíritu de pobreza (desprendimiento de los bienes materiales);

- vivir, trabajar y divertirnos con un espíritu de obediencia (responsabilidad en lo que concierne a la manera en que aprovechamos el tiempo);

- vivir, trabajar y divertirnos con un espíritu de castidad (reconocer nuestros dones y comprometernos a compartirlos adecuadamente con los demás);

- reconocer que la gracia de Dios es suficiente para nosotros y que en realidad solo su gracia nos sostiene;

- vivir como corresponsables de la creación de Dios;

- determinar un porcentaje adecuado de nuestros ingresos para devolverle a Dios en agradecimiento por la oportunidad de retener el resto para nuestras necesidades y las de nuestra familia.

■ ■ ■

Cada uno, como buen administrador de la multiforme gracia de Dios, ponga al servicio de los demás los dones que haya recibido.

1 Pedro 4:10

9

Agradecemos y recordamos

La Plegaria Eucarística

Después de cuarenta años de sacerdocio, me es imposible contar las veces que celebré misa. Celebré misa con miles de personas y también lo hice solo. Muchas veces en la misa me sumía en la oración y otras, por desgracia, estaba tan cansado que funcionaba en piloto automático. Hubo ocasiones en las que estaba tan distraído que se me trababa la lengua cada vez que tenía que decir alguna palabra sagrada o me perdía. Y hubo liturgias en las que el increíble misterio de lo que ocurría me dejaba sin palabra. A lo largo de los años he aprendido a apreciar la misa, que se transformó en el fundamento y el ápice de mi vida de oración. Su riqueza sigue revelándose y me sigue sorprendiendo y a la vez emocionando. Siempre espero la misa con ansias, no solo para celebrarla, sino también para escucharla sentado como parte de alguna congregación cuando estoy de viaje. Sigue siendo un enorme privilegio y el centro de todo lo que hago y todo lo que soy como sacerdote. Y al mismo tiempo, me enseña a ser más transparente para que no sea yo el centro, sino la realidad de lo que se está celebrando. Da lo mismo si hay diez personas en la congregación o mil orando conmigo. Es una oración en común. Hace algunos años estaba yo inmóvil en una cama de hospital. Me di cuenta que, de todo lo que extrañaría si no me recuperaba, lo que más extrañaría sería celebrar la misa. Ahora, cuando pronuncio las palabras de la Plegaria Eucarística, sobre todo las palabras de la narrativa de la institución, la profundidad del acto de Jesús de darse a sí mismo y la bendición de poder orar las palabras que él mismo habló me llenan de asombro, humildad y agradecimiento. (DJG)

Pocas cosas logran asustar a un católico más que la frase *cambios en la misa*. Después de todo, la misa es un ritual y los rituales duran por su naturaleza inalterable y reconfortante. Lo cierto es que la misa ha sufrido muchos cambios a lo largo del tiempo, muchos de ellos implementados a partir del Concilio Vaticano II en la década de los sesenta y, más recientemente, la traducción al inglés de la tercera edición del Misal Romano, implementada en Adviento de 2011, y algunas traducciones al español en diversos países de habla hispana. Sin una perspectiva histórica, podríamos decir que la misa no sufrió cambios durante más de mil novecientos años, hasta que esos cambios efectivamente ocurrieron. Si bien algunas de las maneras en que celebramos la misa cambiaron a lo largo de los siglos, no ocurrió lo mismo con la esencia de la misa. En ninguna parte es esto más cierto que en la Plegaria Eucarística, esa plegaria que nos permite irnos, una vez finalizada la misa, recordando las grandes obras de Dios, celebrando la muerte y resurrección de Cristo y creyendo en su presencia que nos acompaña hoy.

Haría falta un libro entero para una detallada historia de la manera en que la Plegaria Eucarística ha evolucionado a lo largo de los siglos. Pero para los fines de este libro nos enfocaremos en los elementos principales de la Plegaria Eucarística que no han cambiado, sobre todo las palabras y acciones de Jesús en la Última Cena, cuando instituyó la celebración del banquete sagrado y se dio a sí mismo como sacrificio, el nuevo Cordero Pascual. Además de las palabras que pronunció Jesús en la Última Cena, la Plegaria Eucarística siempre incluyó, entre otras cosas, las plegarias de la iglesia, las intercesiones a los santos, conmemoraciones de los difuntos y plegarias por los líderes de la iglesia.

A partir del siglo IV, la Plegaria Eucarística, junto con la totalidad de la misa, se rezaba en latín, la lengua vernácula para muchos de los que habitaban el Sacro Imperio Romano. Con el tiempo, sin embargo, a medida que los lugares de adoración se ampliaron y las lenguas de las personas evolucionaron y se diversificaron, la congregación no podía escuchar demasiado de lo que el celebrante decía en latín y de espaldas al pueblo. Ni tampoco lo podía entender. El papel cada vez más pasivo de la asamblea, en combinación con un énfasis en las acciones del sacerdote al consagrar el pan y el vino, llevaron a ciertos acontecimientos interesantes y a la vez desafortunados que todavía hoy tienen influencia en nuestra comprensión de la Plegaria Eucarística.

Por ejemplo, en la Edad Media hubo un tiempo en que los fieles literalmente corrían de iglesia en iglesia para llegar a tiempo a la elevación —la parte de la Plegaria Eucarística en la que el sacerdote, de espaldas al pueblo, consagraba el pan (el cual, con el paso de los años, se pareció cada vez menos a lo que solemos ver en la mesa) y el vino elevándolos por sobre su cabeza. Los fieles esperaban el tañido de las campanas que les indicaban cuándo llegaba ese momento sagrado. Una vez terminado eso, salían corriendo para buscar otra iglesia, ansiosos de ver el momento exacto en el que, según ellos creían, el pan y el vino se transformaban en la Sangre y Cuerpo de Jesús, como si el sacerdote hiciera un pase mágico digno de ser visto en vez de un acto sagrado en el cual participar. Del mismo modo, se cree que las tradicionales palabras mágicas *hocus pocus*, que los angloparlantes dicen cuando hacen un truco, son una parodia de la consagración del pan y el vino. En latín el sacerdote decía *Hoc est enim corpus deum* ("Esto es mi cuerpo") justo después de consagrar el pan y el vino haciendo la señal de la cruz sobre la patena y el cáliz. Para la gente común que no sabía latín y no podía escuchar al sacerdote hablando en voz baja, estas palabras sonaban algo así como "hocus pocus".

Debido a su papel pasivo en la Plegaria Eucarística, los fieles solían hacer devociones privadas, deteniéndose y mirando cada vez que había algo que ellos sentían era el momento más importante de la Plegaria Eucarística —y a decir verdad, de toda la liturgia— es decir, la consagración. Muchos creían que esto solo se lograba en el preciso momento en que el sacerdote decía en latín: "Esto es mi cuerpo" y "Esta es mi sangre" mientras elevaba la hostia y el vino consagrados. Esta creencia era una clara muestra de la falta de comprensión de las palabras de Jesús: "Hagan esto en memoria mía" (Lucas 22:19), palabras que pueden malinterpretarse si se considera que es algo que solo logra el sacerdote por medio de su potestad para consagrar. No obstante, estas mismas palabras se dicen para todos los que están reunidos celebrando la Eucaristía. Si bien es solamente el sacerdote quien dice en voz alta las palabras de la Plegaria Eucarística, las dice en nombre de —y en unión con— todos los reunidos. El sacerdote comparte la Plegaria Eucarística con la comunidad de creyentes que adoran junto con él. En el Concilio Vaticano II (1962–1965) los obispos de la iglesia católica manifestaron este punto de vista en su Constitución *Sacrosanctum Concilium* sobre la sagrada liturgia:

> Por tanto, la Iglesia, con solícito cuidado, procura que los cristianos no asistan a este misterio de fe como extraños y mudos espectadores, sino que comprendiéndolo bien a través de los ritos y oraciones, participen conscientes, piadosa y activamente en la acción sagrada, sean instruidos con la Palabra de Dios, se fortalezcan en la mesa del Cuerpo del Señor, den gracias a Dios, aprendan a ofrecerse a sí mismos al ofrecer la hostia inmaculada no solo por manos del sacerdote, sino juntamente con él, se perfeccionen día a día por Cristo mediador en la unión con Dios y entre sí, para que, finalmente, Dios sea todo en todos (48).

La Plegaria Eucarística aparece con algunas variantes, pero los elementos principales son los mismos. En la actualidad hay cuatro plegarias eucarísticas fundamentales:

- La Plegaria Eucarística I también se conoce como Canon romano porque era la única Plegaria Eucarística permitida en el rito romano desde el Concilio de Trento hasta el Concilio Vaticano II. Si bien está inspirada en una Plegaria Eucarística compuesta por San Ambrosio en el siglo IV, su estructura actual puede hallarse en la misa del papa Pío V (1570). Esta plegaria recuerda la historia de la salvación, desde el pueblo judío hasta los apóstoles, santos y mártires a los que acudimos cuando necesitamos ayuda para lograr nuestro fin último, es decir, la unión con Dios en el cielo.

- La Plegaria Eucarística II, si bien se escribió hace relativamente poco, después del Concilio Vaticano II, tiene sus raíces en una Plegaria Eucarística del siglo III compuesta por San Hipólito de Roma. La plegaria es bella gracias a su brevedad y simpleza.

- La Plegaria Eucarística III imita el modelo de la Plegaria Eucarística I, aunque es mucho más breve. El centro de esta plegaria es en la acción salvadora de Dios, y llama a la unión de todos los hijos de Dios "dispersos por el mundo" (Plegaria Eucarística III).

- La Plegaria Eucarística IV se diseñó sobre la base de plegarias de la tradición litúrgica antioquena; utiliza imágenes de las Escrituras, tales como la creación, la alianza y la encarnación, para narrar la historia de la salvación.

Se han escrito, además, diversas plegarias eucarísticas para otras ocasiones. También existen ricas tradiciones litúrgicas y plegarias eucarísticas para las iglesias orientales en unión con Roma. Independientemente de la forma que adopte la Plegaria Eucarística, los elementos principales proporcionan a los fieles un panorama claro de lo que Jesús quiere que hagamos en conmemoración suya: recordar, celebrar, agradecer y creer.

Acción de gracias y aclamación

¿Qué cree usted que hará durante toda la eternidad? A veces nos imaginamos volando en las nubes sin hacer nada. Esto puede resultar atractivo a corto plazo, pero una eternidad de no hacer nada se parece más al infierno que al cielo. Si las referencias que las Escrituras hacen a la vida eterna nos dan alguna pista, es que la eternidad no será una realidad pasiva, sino activa. Por lo menos estaremos dando gracias y alabando a Dios. La Plegaria Eucarística comienza con un vistazo a la eternidad. El sacerdote nos invita a comenzar nuestra acción de gracias con estas palabras del prefacio:

Sacerdote: El Señor esté con ustedes.
Pueblo: Y con tu espíritu.

Sacerdote: Levantemos el corazón.
Pueblo: Lo tenemos levantado hacia el Señor.

Sacerdote: Demos gracias al Señor, nuestro Dios.
Pueblo: Es justo y necesario.

A continuación, mientras sigue el prefacio, el sacerdote expresa nuestro deseo de alabar a Dios. El prefacio, que se modifica a diario y de domingo a domingo, une las plegarias del sacerdote y del pueblo de Dios con las de los ángeles y santos en el cielo en agradecimiento y alabanza a Dios. La iglesia tiene varios prefacios: cada uno agradece y alaba en ocasión de determinadas fiestas, días festivos, tiempos del calendario eclesiástico o, de forma más general, domingos o días hábiles. Algunos son para bodas o funerales u otras liturgias específicas. Este es uno de los prefacios que se utilizan para el Tiempo Pascual:

> En verdad es justo y necesario,
> es nuestro deber y salvación
> glorificarte siempre, Señor,
> pero más que nunca
> (en esta noche) (en este día) (en este tiempo),
> en que Cristo, nuestra pascua,
> fue inmolado.
> Porque Él es el Cordero de Dios
> que quitó el pecado del mundo:
> muriendo, destruyó nuestra muerte,
> y resucitando, restauró la vida.
> Por eso,
> con esta efusión de gozo pascual,
> el mundo entero se desborda de alegría
> y también los coros celestiales,
> los ángeles y los arcángeles,
> cantan sin cesar el himno de tu gloria:
> Santo, Santo, Santo es el Señor, Dios del
> universo. [. . .]
> Prefacio de Pascua I, *Misal Romano*

La aclamación que la congregación hace al prefacio —el *Sanctus* (Santo, Santo, Santo)— proviene de una plegaria de sinagoga judía del siglo II y está inspirada en el cántico angelical de Isaías 6:

Santo, Santo, Santo es el Señor, Dios del Universo.
Llenos están, el cielo y la tierra de tu gloria.
    Hosanna en el cielo.
Bendito el que viene en nombre del Señor.
    Hosanna en el cielo.

Esta aclamación une nuestras voces con el coro de ángeles que, desde el cielo, cantan continuamente alabanzas al Dios de los ejércitos (es decir, el Dios de los ejércitos angelicales) y es un eco de los gritos de "¡Hosanna!" con que las multitudes de Jerusalén recibieron a Jesús como su rey días previos a su crucifixión. Los fieles manifiestan de esta manera reverencia profunda por la Plegaria Eucarística arrodillándose a medida que el sacerdote sigue expresando nuestras plegarias.

Invocación

Muchos fanáticos de los deportes podrán pensar en algún héroe local que suele ponerse a la altura de las necesidades y salir al rescate de su equipo cada vez que lo llaman. Como hace lo que mejor sabe hacer, este atleta logra, con muchísima frecuencia, salvar al equipo de la derrota. Nosotros también llamamos, o invocamos, a alguien más grande —Dios— para que haga lo que mejor sabe hacer: salvarnos. Cuando se le invoca, Dios siempre sale al rescate. Esta parte de la Plegaria Eucarística se conoce como *epíclesis*, que en griego significa "invocación": aquí es cuando oramos de manera tal que volvemos a expresar dependencia en Dios. Invocamos a Dios porque sabemos que sin él no somos nada y que solo él podrá salvarnos. El sacerdote expresa nuestro deseo de que, por el poder del Espíritu Santo, los dones de pan y vino sean para nosotros el Cuerpo y la Sangre de Cristo y que todos los que los recibimos seamos salvados.

> Santo eres en verdad, Padre,
> y con razón te alaban todas tus criaturas,
> ya que por Jesucristo, tu Hijo, Señor nuestro,
> con la fuerza del Espíritu Santo,
> das vida y santificas todo,
> y congregas a tu pueblo sin cesar,
> para que ofrezca en tu honor
> un sacrificio sin mancha
> desde donde sale el sol hasta el ocaso.
> Por eso, Padre, te suplicamos
> que santifiques por el mismo Espíritu
> estos dones que hemos separado para ti,
> de manera que sean
> Cuerpo y Sangre de Jesucristo,
> Hijo tuyo y Señor nuestro,
> que nos mandó celebrar estos misterios.
>
> Plegaria Eucarística III, *Misal Romano*

Estas palabras dejan en claro que la transformación del pan y del vino en el Cuerpo y la Sangre de Cristo se logra por el poder de Dios y que tenemos la suerte de ser quienes reciben su acción salvadora.

Cuando nuestros hijos eran pequeños, cada agosto me sentaba con mi esposa a completar la tarea de "sincronizar" los almanaques. Como las clases estaban por comenzar, era necesario resaltar fechas importantes en los almanaques de nuestros hijos y en los nuestros. El objetivo principal de esta planificación era asegurar que podíamos estar junto a nuestros hijos, en especial en momentos importantes. Mucho de lo que un padre hace podría resumirse de esta manera: *estar presente*. Estamos presentes cuando nuestros hijos aprenden a caminar, a hablar y finalmente a andar en bicicleta. Estamos presentes en las graduaciones, ya sea en preescolar, jardín de infantes, octavo grado, escuela secundaria o universidad. Estamos presentes en los cumpleaños y fechas importantes, en acontecimientos académicos y extracurriculares. Estamos presentes cuando se enferman, cuando se meten en problemas, cuando alcanzan logros y cuando solo quieren conversar. Estamos presentes en los momentos comunes de cada día y en los momentos extraordinarios que surgen de vez en cuando. Por medio de todo esto queremos que sepan que no están solos, que los amamos, los respaldamos y que tienen nuestra aprobación. Los niños son muy ruidosos a la hora de pedir cosas, pero en última instancia, todo lo que quieren es la atención exclusiva de los padres y su aprobación; en otras palabras, su presencia. (JSP)

Narrativa de la institución

Cuando de la noción de *presencia* se trata, Dios es el padre supremo. Los padres que desean estar presentes en la vida de sus hijos pueden mirar a Dios para tener el ejemplo perfecto. Dios manifestó su presencia a su pueblo elegido en el Antiguo Testamento en una zarza ardiente, en una columna de humo de día y pilar de fuego en la noche, en el arca de la alianza, en el templo y en un sinnúmero de milagros y palabras que transmitían seguridad. Como sabe que necesitamos estar seguros de su presencia, Dios envió a su único Hijo, Jesús, para que podamos ver la presencia de Dios en la carne. A su vez, Jesús nos dio la Eucaristía para que él pueda estar presente siempre, incluso "hasta el fin del mundo" (Mateo 28:20). La Eucaristía es la manifestación más perfecta de la presencia de Dios entre su pueblo. La narrativa de la institución, que recuerda las palabras de Jesús y sus acciones en la Última Cena, hace realidad esta presencia.

Porque él mismo,
la noche en que iba a ser entregado,
tomó pan,
y dando gracias te bendijo,
lo partió
y lo dio a sus discípulos, diciendo:

Tomad y comed todos de él,
  porque esto es mi Cuerpo,
  que será entregado por vosotros.

Del mismo modo, acabada la cena,
tomó el cáliz,
dando gracias te bendijo,
y lo pasó a sus discípulos, diciendo:

Tomad y bebed todos de él,
  porque éste es el cáliz de mi Sangre,
  Sangre de la alianza nueva y eterna,

que será derramada por vosotros
y por todos los hombres
para el perdón de los pecados.
Haced esto en conmemoración mía.

Plegaria Eucarística III, *Misal Romano*

Lo que antes era simplemente pan y vino se ha convertido
en el Cuerpo y la Sangre de nuestro Salvador y Mesías,
Jesucristo. La iglesia lo llama *transubstanciación.* Jesús ordenó
a sus discípulos perpetuar sus obras y acciones. Al hacerlo,
estamos en comunión con su presencia real con aspecto de
pan y vino. Como la comunión con Jesús está íntimamente
ligada a su muerte expiatoria en la cruz ocurrida el Viernes
Santo, inmediatamente a continuación de la narrativa de
la institución siguen estas palabras que pronuncia el sacerdote: "Éste es el Sacramento de nuestra fe". Esta afirmación
directa sirve como preludio para la aclamación de los fieles,
del mismo modo que las frases "Palabra de Dios", "Palabra
del Señor", "el Cuerpo de Cristo" y "la Sangre de Cristo" son
preludio de la aclamación "Te alabamos, Señor" (después
de la primera y segunda lecturas de las Escrituras), "Gloria
a ti, Señor" (después del Evangelio) y "Amén" (al recibir la
Sagrada Comunión). Hay tres aclamaciones para elegir;
todas recuerdan que Jesús murió, resucitó para salvarnos y
volverá a buscarnos.

Anunciamos tu muerte,
proclamamos tu resurrección.
¡Ven, Señor Jesús!

o:

Cada vez que comemos de este pan
y bebemos de este cáliz,
anunciamos tu muerte, Señor,
hasta que vuelvas.

o:

Por tu cruz y resurrección
nos has salvado, Señor.

Plegaria Eucarística III, *Misal Romano*

Ciertamente, Jesús ya está con nosotros. Esta es la presencia
que compartiremos cuando recibimos el Cuerpo y la Sangre
de Cristo en la Sagrada Comunión. Cuando nos vamos de la
iglesia llevamos esa presencia en lo más íntimo de nuestro ser,
en nuestra alma, y las acciones que haremos a continuación
ayudan a que otros vean la presencia de Jesús en el mundo.

Recordamos

Solemos tener a mano recordatorios. Tenemos funciones en
las computadoras y celulares para acordarnos de las citas.
Llevamos agendas electrónicas y de papel para tratar de recordar todos nuestros compromisos. Tenemos fotos de los seres
queridos en nuestro lugar de trabajo y en casa para acordarnos de aquellos a quienes amamos. Utilizamos hojitas auto-
adhesivas para acordarnos de que tenemos que ir a buscar a
los niños o la ropa a la tintorería, o ambos. Los recordatorios
son útiles. En la Plegaria Eucarística, una vez más, recordamos
todas las grandes y maravillosas maneras en que Dios mostró

su amor por nosotros. Esta parte de la Plegaria Eucarística se conoce como *anámnesis* (del griego "recordar") y evita que tengamos mala memoria a la hora de recordar nuestra salvación.

> Así, pues, Padre,
> al celebrar ahora el memorial
> de la pasión salvadora de tu Hijo,
> de su admirable resurrección y ascensión al cielo
>   [...]
>
>   Plegaria Eucarística III, *Misal Romano*

Recordando el pasado podemos darnos cuenta de la presencia de Dios en el presente y esperar su presencia permanente en el futuro.

Ofrecemos

La reciprocidad es algo natural en el ser humano. Cuando alguien es generoso o amable con nosotros, buscamos devolver ese gesto de manera tal que el agradecimiento y el aprecio sean evidentes. Solemos decir: "Si puedo hacer algo para devolverle la gentileza, avíseme". Es en este momento de la Plegaria Eucarística donde mostramos aprecio por todo lo que Dios hizo por nosotros. No solo presentamos este "pan de vida y el cáliz de salvación" (Plegaria Eucarística II), sino que también nos ofrecemos a nosotros mismos. En esencia le decimos a Dios: "Si podemos hacer algo por ti. . .".

> Te ofrecemos, en esta acción de gracias,
> el sacrificio vivo y santo.

Que él nos transforme en ofrenda permanente.
Plegaria Eucarística III, *Misal Romano*

Esta parte de la Plegaria Eucarística nos recuerda que esta ofrenda es en verdad una respuesta a la invitación de Dios. No nos ofrecemos a Dios para llamar su atención, sino para responder de manera activa y voluntaria, agradeciendo la atención que tuvo él para con nosotros.

Intercesiones

Durante la Liturgia de la Palabra ofrecemos intercesiones mientras rezamos la oración de los fieles. En esta parte de la Plegaria Eucarística volvemos a orar por la iglesia y por sus miembros, tanto vivos como muertos. Esto prueba que debemos orar mucho y que San Pablo tenía razón cuando les dijo a los tesalonicenses: "oren sin cesar" (1 Tesalonicenses 5:17).

Confirma en la fe y en la caridad
a tu Iglesia, peregrina en la tierra:
a tu servidor, el Papa N.,
a nuestro Obispo N.,
al orden episcopal, a los presbíteros y diáconos,
y a todo el pueblo redimido por ti.

Atiende los deseos y súplicas de esta familia
que has congregado en tu presencia.
Reúne en torno a ti, Padre misericordioso,
a todos tus hijos dispersos por el mundo.
A nuestros hermanos difuntos

y a cuantos murieron en tu amistad
recíbelos en tu reino,
donde esperamos gozar todos juntos
de la plenitud eterna de tu gloria,
por Cristo, Señor nuestro,
por quien concedes al mundo todos los bienes.

Plegaria Eucarística III, *Misal Romano*

Unos instantes atrás en la liturgia habíamos orado por las necesidades del mundo y de nuestra comunidad. Aquí oramos por la iglesia para que por la Eucaristía seamos fortalecidos para proclamar el Evangelio.

Doxología final

¿Alguna vez escuchaste a alguien expresar sus propios deseos con las mismas palabras que tú hubieras usado? Cuando esto ocurre, saltamos con ansias y decimos cosas tales como: "¡Lo mismo siento yo!", "¡Yo también!" o "¡Gracias!". Algunos quizás digan: "¡Amén!". Esta palabra, aunque breve, es un sello de aprobación. Decir "Amén" es estar de acuerdo con algo que se dijo anteriormente, expresando apoyo incondicional y aceptación, a la vez que nos apropiamos de lo que se dijo o se hizo. La doxología final, donde respondemos con un resonante "¡Amén!" es una expresión poderosa de que nos apropiamos de toda la Plegaria Eucarística. Mientras el sacerdote eleva la hostia consagrada por sobre el cáliz, reza lo siguiente:

Por Cristo, con él y en él,
a ti, Dios Padre omnipotente,

en la unidad del Espíritu Santo,
todo honor y toda gloria
por los siglos de los siglos.

A medida que la Plegaria Eucarística llega a su culmina-
ción, el celebrante resume todo lo que rezamos en conjunto.
Nuestra respuesta no es un amén débil, sino estruendoso.
Este amén, por el que damos nuestro consentimiento y aprobación a toda la Plegaria Eucarística, es un amén resonante
y "grandioso", y nos recuerda que la Plegaria Eucarística pertenece a todos los que se reúnen para celebrar la Eucaristía.
Este amén expresa posesión y les permite a los fieles confir-
mar que las palabras de la Plegaria Eucarística son en realidad las nuestras.

Amén.

La riqueza de la Plegaria Eucarística es más profunda que su
misma historia. En esos breves momentos durante la misa, ya
bien estemos de pie o arrodillados, somos testigos y parte no
solo de lo que Jesús instruyó a sus discípulos que hicieran el
Jueves Santo, sino del acto mismo de salvación que consistió en
su muerte el Viernes Santo y su resurrección en Domingo de
Gloria. Nuestra fe se fortalece gracias a lo que compartimos;
se fortalece a tal punto que llevamos con nosotros la presencia
del Señor resucitado al mundo. No somos meros observadores
de un drama en proceso, de una comida que se conmemora,
de un sacrificio del pasado. Participamos y compartimos la
Eucaristía en el banquete del Jueves Santo, la nueva Pascua, y
somos limpiados con la sangre del Cordero del Viernes Santo
y redimidos por la resurrección del Domingo de Gloria.

Los otros seis días de la semana

Con respecto a la vida cotidiana, la Plegaria Eucarística nos invita y nos desafía a

- reconocer la presencia de los demás, sobre todo en el hogar y el trabajo;

- estar presentes con aquellos con quienes tenemos algún tipo de compromiso: cónyuge, hijos, padres, compañeros de trabajo, amigos;

- reconocer la presencia de Dios en las personas y las cosas;

- ser agradecidos y hacer lo imposible para agradecer a los demás, aunque sea por las cosas más insignificantes;

- vivir agradecidos y apreciando todas las bendiciones que tenemos;

- llevar la presencia de Jesús a los demás, sobre todo donde reine la desesperanza;

- recordarles a los demás y a nosotros mismos el inmenso amor de Dios hacia nosotros;

- invocar a Dios en tiempos de necesidad;

- ofrecerle nuestra vida a Dios, esforzándonos por santificar nuestro tiempo en el trabajo y en el hogar, para lo cual debemos separar tiempo para los propósitos de Dios.

■ ■ ■

Hablamos de la presencia de Cristo bajo la apariencia de pan y vino como "real", con el fin de enfatizar la naturaleza especial de dicha presencia. Lo que parece ser pan y vino es en su misma substancia el Cuerpo y la Sangre de Cristo. Cristo entero está presente, Dios y hombre, cuerpo y sangre, alma y divinidad. Si bien los otros modos en que Cristo está presente en la celebración de la Eucaristía no dejan, ciertamente, de ser reales, este modo supera a los demás.

"La Presencia real de Jesucristo en el sacramento
de la Eucaristía: Preguntas básicas y respuestas"
Declaración de los obispos católicos
de Estados Unidos (USCCB)

Coraje y confianza

El Padrenuestro

Durante varios años, mientras yo iba y venía del trabajo, ella pasaba a mi lado a la salida de la estación de trenes. No sabía cómo se llamaba, pero por alguna razón imaginé que se llamaba "Annie". Annie no tenía hogar. Era una mujer de alrededor de sesenta años y no medía más de un metro cincuenta. Con todo, lo que hacía era pararse en el mismo lugar a la salida de la estación de trenes, día tras día, incluso en los más fríos días invernales de Chicago. Con voz frágil rogaba a los cientos de transeúntes: "Ayúdeme, por favor. Ayúdeme, por favor. Ayúdeme, por favor". Yo trataba de ayudarla con la mayor frecuencia posible, como lo hacían otras personas. No sabía exactamente cuál era su situación, pero Annie regresaba todos los días al mismo lugar, evidentemente con la confianza y seguridad de que había elegido el lugar adecuado para quedarse de pie y pedir la ayuda que solía recibir. Una vez pensé en Annie cuando rezaba el Padrenuestro. Es una plegaria breve y es muy fácil recitarla de un tirón sin detenerse a reflexionar en el significado. Pero me di cuenta de que podía aprender algo de Annie en relación a rezar el Padrenuestro. Podía pararme en la presencia del Señor, vulnerable pero confiado, y ofrecer esta plegaria cuya esencia es "Ayúdeme, por favor". (JSP)

Nos retiramos de la misa confiando, no en nosotros mismos, sino en Dios, que obra en nosotros. Nos retiramos con una actitud de sumisión, desprendiéndonos de nuestra voluntad y deseo de tener nosotros el control y abriéndonos a la voluntad de Dios, permitiendo así que reine el poder de Dios. Nos retiramos desprovistos de nuestras propias intenciones y llenos de las del Señor. Nos retiramos con una sensación de valor y nos damos cuenta de que si bien deberemos enfrentar el mal, confiamos que seremos librados. Llegamos a este punto gracias al Padrenuestro, que nos recuerda y nos enseña a vivir según las palabras que Jesús mismo aprendió y nos enseñó: "Hágase tu voluntad".

> Sacerdote: Fieles a la recomendación del Salvador,
> y siguiendo su divina enseñanza,
> nos atrevemos a decir:

>> Padre nuestro, que estás en el cielo,
>> santificado sea tu Nombre;
>> venga a nosotros tu reino;
>> hágase tu voluntad en la tierra como en el
>>   cielo.

Danos hoy nuestro pan de cada día;
perdona nuestras ofensas,
como también nosotros perdonamos
a los que nos ofenden;
no nos dejes caer en la tentación,
y líbranos del mal.

Son nada más que tres simples palabras: "Hágase tu voluntad". Y aun así son las más difíciles de pronunciar. Decir "Hágase tu voluntad" significa someterse. Y eso es algo que no estamos muy dispuestos a hacer. Este mundo nos enseña a que nos esforcemos por controlarlo todo, a que ganemos a cualquier precio y a que no nos rindamos jamás. Los *reality shows* sugieren que la clave de la supervivencia es la capacidad de hacer valer la voluntad propia sobre la de los otros participantes.

¿Se nos considera débiles si decimos: "Hágase tu voluntad"? Todo lo contrario: es lo único que en verdad puede fortalecernos, por la sencilla razón de que la voluntad de Dios es la fuerza que hace mover el universo. Estar de acuerdo con la voluntad de Dios es la estrategia suprema para fortalecernos. Interponernos en el camino de la voluntad de Dios es una gran tontería. Todo lo que hicimos en la misa hasta este punto giró en torno a darnos cuenta de que la voluntad de Dios es el camino correcto. Los Ritos Iniciales nos recordaron que no somos entidades individuales que podemos hacer lo que nuestra voluntad nos dicte. El acto penitencial nos recordó que cuando no hacemos la voluntad de Dios caemos en pecado. La Liturgia de la Palabra nos anunció que el plan de Dios es traernos la salvación. La Oración Universal nos alentó a confiar en la voluntad de Dios en aspectos determinados de nuestra vida en donde pasamos necesidad. La preparación de los dones nos animó a confiar en la voluntad de Dios, ya que esto significa confiar en su abundancia. La Plegaria Eucarística que acabamos de rezar nos recordó que Jesús, al seguir la voluntad de Dios, venció la muerte y está hoy presente entre nosotros. Y a medida que nos esforzamos en parecernos cada vez más a Jesús, por lógica el próximo paso es rezar con las palabras que él usó y nos enseñó: "Hágase tu voluntad".

Muchas veces los párrocos debemos tomar decisiones difíciles. En mi caso particular, una vez tuve que despedir a un empleado cuyos padres asistían a la parroquia desde hacía muchos años. Estaban muy enojados conmigo y se sintieron muy lastimados. Todos los domingos venían a la iglesia y se sentaban mirándome de una manera que a mí me parecía hostil. Unas semanas más tarde, la culpa que sentía pasó a ser enojo hacia ellos. A causa de mi responsabilidad de respetar la privacidad y confidencialidad, no tenía la libertad de decirles lo que en verdad había ocurrido. Para ellos yo era el malo de la película. Su presencia en la congregación llegó a resultarme muy molesta. Es difícil ministrar personas que no tienen nuestro mismo parecer o que resultaron lastimadas por algo que hayamos dicho o hecho. Aunque oremos antes de tomar la decisión y hagamos algo, si el enojo pone obstáculos al entendimiento y la comprensión, nos sentimos solos. Le comenté esto a mi directora espiritual, quien me brindó un sencillo consejo: cada vez que los viera y cada vez que pensara en ellos debería, en vez de albergar sentimientos de enojo, rezar un Padrenuestro. Le sonreí y archivé el consejo en la categoría de "No funcionará". No obstante, hice la prueba, y después de algunos intentos, algo en mi ser se rindió. Fui hacia ellos y les pedí que conversáramos. Los dos se animaron y me dijeron: "Estábamos esperando que nos pidiera eso". Logramos resolverlo todo. Desde entonces di el mismo consejo a muchos que me contaban que estaban pasando por el mismo problema. Cuando pedimos que se haga la voluntad de Dios, nos dejamos llevar. Cuando pedimos ser perdonados así como nosotros perdonamos a los demás, nos damos una tarea que debemos hacer. Cuando nos apropiamos de las palabras de Jesús, sobre todo en la misa, momentos antes de la comunión, nos obligamos a obrar. (DJG)

El sometimiento es una propuesta que asusta. Solemos equiparar el sometimiento con pérdida y debilidad. No obstante, es irónico que someterse sea una de las proezas más formidables y más fortalecedoras que podemos hacer. Someterse significa deshacerse de aquello que deseamos y recibir a cambio aquello que es bueno para nosotros. San Pablo nos enseñó que someterse a la voluntad de Dios —un acto de fe— es la misma acción que nos justifica, es decir, que nos pone en paz con Dios. San Pablo creía que la supuesta debilidad en la sumisión es lo único que nos fortalece en Jesús.

No obstante, solemos luchar con estas palabras: "Hágase tu voluntad". Si te resulta difícil decirlas, alégrate: no estás solo. A lo largo de la Biblia, tanto hombres como mujeres han tenido dificultad en decir estas tres palabras.

- Adán y Eva sabían que la voluntad de Dios era que no comieran del fruto del árbol del conocimiento sobre el bien y el mal, pero igual lo hicieron.

- Caín sabía que la voluntad de Dios era que no matara a su hermano Abel, pero igual lo hizo.

- Los hebreos sabían que construir y adorar un becerro de oro iba en contra de la voluntad de Dios, pero igual lo hicieron.

- David sabía que matar a Urías para poseer a Betsabé iba en contra de la voluntad de Dios, pero igual lo hizo.

- Jonás sabía que era voluntad de Dios ir y predicar a la gente de Nínive, pero al principio prefirió hacer caso omiso del llamado de Dios.

- Pedro sabía que era la voluntad de Dios que siguiera a Jesús, pero lo negó aun conociéndolo.

Y siguen los ejemplos. San Pablo resume esta tendencia humana cuando escribe: "No hago el bien que quiero, sino que practico el mal que no quiero" (Romanos 7:19).

En el otro extremo del espectro, las historias bíblicas nos brindan modelos de personas que se sometieron a la voluntad de Dios y disfrutaron de la plenitud de su gracia y amor.

- Abraham y Sara dijeron: "Hágase tu voluntad" y de ellos surgió una gran nación.

- Moisés dijo: "Hágase tu voluntad" y liberó a esa gran nación de la esclavitud.

- Rut dijo: "Hágase tu voluntad" y dio el ejemplo de amor y compromiso familiar.

- Cuando Jonás entró en razón dijo: "Hágase tu voluntad" y no solo vio la luz del día, sino que llevó a toda una ciudad corrupta a arrepentirse.

- José dijo: "Hágase tu voluntad" y tomó a María como esposa.

- María dijo: "Hágase tu voluntad" y fue la madre de Dios y la primera discípula de Jesús, modelo de fe para todo creyente.

Por supuesto, Jesús es el modelo supremo de lo que significa vivir según la voluntad de Dios. Antes de comenzar su ministerio, el Espíritu lo llevó al desierto, donde Jesús debió luchar contra la tentación de seguir su propia voluntad en vez de la del Padre. En vez de convertir en panes las piedras, Jesús eligió seguir la voluntad de Dios. Del mismo modo, en el huerto de Getsemaní Jesús se enfrentó a la tentación y se preguntó si sería posible seguir su propia voluntad en vez de aceptar el sufrimiento que se avecinaba. Es esta misma tentación la que Nikos Kazantzákis abordó en su clásica novela *La última tentación de Cristo*. La historia cuenta qué hubiese pasado si Jesús hubiese dicho "Hágase mi voluntad" en vez de "Hágase tu voluntad". Si Jesús hubiese seguido su propia voluntad, se hubiese casado, hubiese tenido hijos y se hubiese ganado la vida como carpintero. No es que haya algo de malo en vivir esta vida; el caso es que Jesús tenía plena conciencia de sus dones y su relación con el Padre. De haber seguido su propia voluntad, hubiese traicionado su verdadero llamado. La voluntad del Padre llamaba a Jesús a seguir un camino distinto, un camino que traería salvación a todas las personas. En vez de concentrarse en sus propios deseos, Jesús eligió ofrecer su vida para bien de otros. Eligió decir "Pero no se haga mi voluntad, sino la tuya" (Mateo 26:39).

Hasta qué punto seguiremos a Dios es algo que no puede medirse simplemente en términos de cuán espectaculares son, en apariencia, nuestras elecciones. Jesús sabía que seguir la voluntad de Dios y ser fiel a su llamado le traería la muerte de manos de algunos infieles. Para muchos de nosotros la voluntad de Dios es que seamos buenos carpinteros, u obreros de la construcción, o técnicos de laboratorio, o higienistas dentales, o bibliotecarios. Esto no significa que nuestra vocación sea menos importante para los propósitos que Dios tiene para este mundo. Aunque no sea algo tan espectacular, el llamado de una madre joven de trabajar medio tiempo mientras cría a sus hijos no es menos importante para la voluntad de Dios, al igual que el llamado de un hombre de edad mediana a pedir consejería para salvar su matrimonio de más de treinta años o el de un joven universitario a trabajar semanalmente como voluntario en un comedor de beneficencia mientras trata con mucho esfuerzo de acumular dieciocho horas académicas. Un párroco puede no llegar a la fama por dedicar varias tardes por semana a preparar la homilía del domingo, pero su fidelidad en la tarea en asistir a reuniones parroquiales por la noche o en consolar feligreses en un velorio es un ejemplo sagrado de seguir la voluntad y el llamado de Dios. Dios nos hace un llamado, según nuestros dones, talentos y capacidades para que vivamos las palabras *hágase tu voluntad* en una multitud de contextos. Jesús sabía que su llamado era vivir una vida que consideraríamos fuera de lo común. No obstante, en este sentido Jesús nos mostró que incluso lo común se transforma en extraordinario gracias al poder de estas tres palabras: *Hágase tu voluntad.*

A lo largo de la historia del cristianismo los santos y místicos nos enseñaron una y otra vez que el discipulado se trata de sumisión. Solemos esforzarnos en "añadir" a Jesús a nuestra vida, como si le estuviéramos añadiendo crema batida a un *sundae*. El famoso orador y escritor franciscano Richard Rohr explica que la espiritualidad no tiene que ver con añadir cosas, sino con restar. Cuando apartamos el desorden de nuestra vida (como tratamos de hacer en todas las Cuaresmas), dejamos espacio suficiente para reconocer la presencia permanente de Jesús. Del mismo modo, a veces decidimos dedicar una porción determinada de nuestra vida a Jesús, como si estuviéramos separando un cuarto de nuestra casa para usarlo como oficina. C. S. Lewis, por el contrario, explica que la fe significa darnos por completo a Jesús:

La vida cristiana es diferente: más difícil y más fácil. Cristo dice: "Dámelo todo. No deseo parte de tu tiempo ni parte de tu dinero ni parte de tu trabajo. Te quiero a ti. No he venido a atormentar a tu "yo" natural, sino a darle muerte. Las mediastintas no son buenas. No deseo cercenar una rama aquí y otra allá; lo que deseo es echar abajo todo el árbol. No deseo hacer un empaste en el diente ni recubrirlo, sino extraerlo. Entrégame todo tu "yo" natural; todos los deseos que piensas que son inocentes así como los que consideras malos: todo lo que son. En su lugar te daré un nuevo "yo". En efecto, te daré mi ser. Mi propia voluntad será tuya. (C. S. Lewis, *Cristianismo. . . ¡y nada más!*)

En esencia el Padrenuestro es nuestra "declaración de dependencia". Para los estadounidenses no es algo sencillo: los Estados Unidos se fundaron sobre la base de la Declaración de Independencia. Los estadounidenses tenemos en alta estima nuestra independencia y enseñamos a nuestros jóvenes a ser independientes. Nuestros antepasados dieron sus vidas para liberarse del yugo de un rey. Y aquí estamos hoy, rezando estas palabras en el Padrenuestro: "Venga a nosotros tu reino; hágase tu voluntad". Y, sin embargo, es esta declaración de dependencia —este someterse a la voluntad de Dios— lo que nos permite en verdad ser libres.

Pero, ¿de qué se trata esta voluntad de Dios a la que nos sometemos? Escuchamos decir "Es voluntad de Dios" cuando alguien intenta dar una explicación al sufrimiento. "¿Por qué tuvo que morirse?", "¿Por qué perdí mi trabajo?", "¿Por qué tengo cáncer?", "¿Por qué fracasó mi matrimonio?". A pesar de las buenas intenciones, todos aquellos que responden a estas peticiones de ayuda (no son preguntas, en realidad, sino expresiones de dolor) con un "Es voluntad de Dios" no hacen más que causar daño. Dios nunca desea que su pueblo sufra. Si bien es cierto que en los primeros escritos bíblicos el pueblo de Israel a menudo consideraba que el sufrimiento era parte de la voluntad de Dios para llevarlos al arrepentimiento, la tendencia general de las Escrituras es que se entienda que la voluntad de Dios proporciona plenitud a la vida de sus hijos. La voluntad de Dios puede resumirse en este pasaje del profeta Jeremías:

Yo conozco mis designios sobre ustedes: designios de prosperidad, no de desgracia, pues les daré un porvenir y una esperanza (Jeremías 29:11).

Fui alumno de una escuela secundaria jesuita de Chicago, St. Ignatius College Prep. Si bien el campus ha crecido desde la década de los setenta, cuando yo era alumno, el edificio original, que sobrevivió al Gran Incendio de Chicago un siglo antes, sigue ubicado en la calle West Roosevelt, número 1076. Sobre la puerta de entrada hay una leyenda que reza: *Ad Majorem Dei Gloriam*, que en latín significa "Para la mayor gloria de Dios". El fundador de la orden de los jesuitas, San Ignacio de Loyola, acuñó esta frase pues estaba convencido de que la plenitud de vida se lograba reconociendo que "el reino, el poder y la gloria" no le pertenecen a nadie más que a Dios. San Ignacio creía que nuestra función en la vida es la de no concentrar la atención en nosotros, sino en la gloria de Dios. Este lema jesuita, que recuerda las palabras de San Ignacio, suele resumirse con las iniciales AMDG. Aunque estudié latín durante todos esos años, con toda honestidad debo admitir que no me acuerdo mucho. Pero después de ver esas cuatro palabras a diario durante cuatro años, me ha sido muy difícil sacármelas de la cabeza. Y así es: veinte años más tarde, cuando tuve la primera ocasión de elegir una contraseña para escuchar el correo de voz en la oficina donde trabajaba, lo primero que se me cruzó por la mente fueron las iniciales AMDG. Aunque es cierto que ahora todos saben cómo acceder a mi correo de voz, para mí vale la

pena recordar todos los días que lo que hago no es por mi
propia gloria, sino para la mayor gloria de Dios. (JSP)

Sacerdote: Líbranos de todos los males, Señor,
y concédenos la paz en nuestros días,
para que, ayudados por tu misericordia,
vivamos siempre libres de pecado
y protegidos de toda perturbación,
mientras esperamos la gloriosa venida
de nuestro Salvador Jesucristo.

Pueblo: Tuyo es el reino,
tuyo el poder y la gloria, por siempre, Señor.

De hecho, la mayor tentación es creer que la gloria nos pertenece. La mayor tentación es creer que se hará "mi voluntad"
y que ello dará plenitud de vida y será la respuesta a nuestras
plegarias. Decir "Hágase mi voluntad" es obrar como si fuésemos soberanos y que los demás están sujetos a nuestro dominio. El Padrenuestro nos enseña a someternos a la voluntad
del único y verdadero Señor y a proclamar: "Tuyo es el reino,
tuyo el poder y la gloria, por siempre, Señor". Cuando decimos: "Hágase tu voluntad", abrimos nuestra vida al reino de
Dios, dejamos de aferrarnos a esta vida y cedemos nuestro
deseo de controlarlo todo. Cuando decimos que "el reino, el
poder y la gloria" solo le pertenecen a Dios, en cierto modo
somos como Juan el Bautista, que al decir "Él debe crecer y
yo disminuir" (Juan 3:30) preparó el camino para el Rey de
gloria. Cuando reconocemos que la voluntad salvadora tiene
el dominio, somos como la Virgen María, que al decir "Yo soy

la esclava del Señor: que se cumpla en mí tu palabra" (Lucas
1:38) hizo posible que naciera el Mesías. La Virgen María
es el ejemplo perfecto del verdadero discipulado porque
rechaza toda gloria y honor y en cambio "canta la grandeza
del Señor" (Lucas 1:46).

En Jesús podemos entender con más claridad el sentido
de la palabra *poder*. Para gran parte del mundo el poder es
algo que se utiliza para coaccionar y controlar a las personas. Jesús, por el contrario, enseñó que el poder de Dios
no puede ir separado de su voluntad de salvar. El poder de
Dios se manifiesta en los milagros de Jesús, pero nunca para
meramente exhibirlos o para amedrentar a otros. El poder
que muestra Jesús al curar al ciego y al paralítico o al calmar la tormenta en el mar o al resucitar a los muertos nunca
intenta atraer la atención hacia él, sino hacia la presencia
salvadora de Dios en medio de las personas. Una de las iro-
nías más grandes es que el símbolo del poder y la gloria de
Cristo es la imagen de Jesús crucificado. Consideramos la
imagen de alguien vulnerable y quebrantado, y nos regocijamos en el poder de la salvación. Si nos tomamos en serio el
Padrenuestro, nos hallaremos orando con palabras subver-
sivas —palabras que niegan los poderes de nuestro mundo
y los reemplazan por el poder que viene solo cuando nos
permitimos volvernos vulnerables—.

Vivir para la mayor gloria de Dios es aceptar la humildad (baste recordar el acto penitencial). Significa rechazar
las demandas egoístas de la madre de Juan y Santiago, que le
pide a Jesús los lugares más escogidos en el reino de los cielos
para sus hijos. Jesús le responde con una pregunta: ¿podrían
ellos beber de la misma copa que él? Es decir, ¿podrían hacer

el mismo compromiso que él haría? (véase Mateo 20:22). Poco después de que los apóstoles discutieran entre sí sobre quién era el primero (véase Marcos 9:33–37), Jesús les pide que observen a los niños que iban a él y les dice a los discípulos que, a menos que se volvieran como niños, no tendrían lugar en el reino de los cielos (Marcos 10:15). ¿Qué significa esto? ¿Debemos olvidarnos de nuestras responsabilidades como adultos y juguetear como niños? De ninguna manera. Jesús nos pide adoptar la actitud espiritual que todo niño tiene: la de dependencia.

La dependencia es algo beneficioso si aquel de quien dependemos es más fuerte que nosotros. Ser un niño delante de Dios es aceptar que Dios es más fuerte que nosotros y que necesitamos su protección. Al igual que Frodo Baggins (en la obra *El Señor de los anillos*, de J.R.R. Tolkien) que se reconforta y se arma de coraje al saber que Samwise Gamgee está siempre a su lado, podemos andar sin temor sabiendo que no hay amenaza que sea demasiado grande. No es casualidad que inmediatamente después de que rezamos el Padrenuestro el sacerdote ora para que estemos "protegidos de toda perturbación". Cada vez que nos enfrentamos con algo o alguien y sentimos que no estamos bien preparados para lidiar con ello, esto trae como resultado perturbación o ansiedad. Cuando oramos que se haga la voluntad de Dios y reconocemos que todo el poder le pertenece solo a Dios, ya no tenemos más razones para estar ansiosos o perturbados. Y, como consecuencia, podemos tener esperanza y estar llenos de paz —la paz de Cristo, que ahora nos preparamos a compartir con los demás y con el mundo—.

Los otros días de la semana

Con respecto a la vida cotidiana, el Padrenuestro nos invita y nos desafía a

- no seguir tratando de controlar la vida y, en cambio, someternos a la voluntad de Dios;

- vivir con actitud como de niños, reconociendo que dependemos de Dios;

- hacerlo todo para mayor gloria de Dios;

- vivir con humildad;

- extender a los demás la esperanza sobre la base de nuestra confianza en el Padre;

- enfrentar fuerzas poderosas sabiendo que seremos librados de ellas y aún nos mantendremos en paz;

- reconocer que el verdadero poder consiste en el servicio a Dios, no en dominar a los demás.

■ ■ ■

Hágase tu voluntad así en la tierra como en el Cielo.
Concédenos el gozo de encontrar toda nuestra alegría
queriéndote a ti solamente,

queriéndote solamente,
deseándote solamente
y pensando solamente en Ti.
Concede que negándonos a si mismos siempre
y en todas las cosas,
podamos encontrar luz y vida,
en obedecer tu buena, aceptable y perfecta voluntad.
Haré lo que quieras,
lo haré porque tu lo quieres,
lo haré como tu lo quieres,
lo haré siempre y cuando tu lo quieras.
Perece nuestros pensamientos y deseos,
si ellos no son puramente
de Ti, para Ti y en Ti.

San Pedro Julián Eymard (del Padre Nuestro Eucarístico,
paráfrasis del Padrenuestro)

Que la paz empiece conmigo

El Rito de la Paz

Uno de los recuerdos que más atesoro de cuando salíamos de vacaciones es de un verano en que Joanne y yo llevamos unos días a nuestros hijos Mike y Amy a Mackinac Island, Michigan, cuando los niños eran pequeños. El clima era ideal para ir a dar un paseo en bicicleta por la isla. Después de media hora de pedaleo, las multitudes habían quedado atrás y llegamos a la otra punta de la isla, donde pudimos contemplar la bellísima vista del agua y el cielo azul. Descansamos un rato para extasiarnos ante tanta belleza. En uno de esos inusuales momentos de nuestra vida en familia, los cuatro nos quedamos sin poder pronunciar una palabra. Amy, que a la sazón tenía diez años, rompió el silencio y dijo, como si estuviera en un sueño: "Es como el cielo, tan apacible. . .". Me di cuenta de que no se refería solo a la paz y la belleza del lugar, sino a que los cuatro estábamos juntos y todo era ideal. La paz tiene mucho que ver con estar junto con otros "como debe ser" y no tanto con simplemente estar solo y tranquilo. (JSP)

Cuando se nos llama a "ir en paz", llevamos con nosotros la paz de Cristo. Vamos con el compromiso de vivir en paz unos con otros y de trabajar por la paz. Vamos sabiendo que la comunión con Dios es posible solo cuando la paz reina en nuestros corazones. Es por medio del Rito de la Paz que recordamos que, en última instancia, la paz es resultado de nuestra comunión con Jesús. Es una muestra de las cosas que son posibles.

A medida que el conflicto armado de Vietnam causaba cada vez más oposición en los Estados Unidos en la década de los sesenta y principios de los setenta, el movimiento antibélico se aferró a un símbolo de protesta: la palabra *paz*, junto con dos dedos alzados en forma de *V*. A la larga, el solo hecho de mostrar esos dos dedos se convirtieron en símbolo de estar en contra de la guerra. Es irónico que ese mismo símbolo de victoria lo usara Winston Churchill de manera tan eficaz durante la Segunda Guerra Mundial. Al igual que muchos símbolos, puede llegar a ser increíblemente poderoso. Una famosa fotografía del activista y sacerdote Daniel Berrigan lo muestra esposado y sonriendo mientras lo arrestaban dos policías federales de apariencia poco amistosa. Aunque estaba esposado, hizo la señal de la paz. No obstante, los símbolos suelen perder su significado. En el programa de televisión de la década de los sesenta *Laugh-in*, un Sammy Davis Jr. enjoyado utilizó el mismo símbolo como una especie de saludo de moda. Para cuando el presidente Richard Nixon hizo el símbolo de la paz con ambas manos y los brazos por sobre la cabeza mientras abordaba el avión presidencial *Air Force One*, ya había perdido gran parte de su significado y fuerza originales.

Durante la liturgia, inmediatamente después del Padrenuestro y justo antes de que la congregación se acerque a recibir la comunión, se nos invita a compartir el Rito de la Paz de Cristo. Es fundamental que este rito se perciba como algo más que un gesto o una declaración política —o incluso teológica—. Asimismo, es mucho más que un mero saludo. Acabamos de rezar una bella y a la vez sentida plegaria a nuestro Dios, una plegaria que nos dejó Jesús, en la que pedimos lo que necesitamos, del mismo modo en que un niño pide algo a sus padres confiando en que ellos le contestarán. Después del Padrenuestro hay una transición natural: una vez que ofrecemos esta plegaria de sumisión y vulnerabilidad, abrimos nuestras manos y abrazamos a nuestros hermanos. El sacerdote nos invita a hacerlo con una de las únicas plegarias de la misa que está dirigida específicamente a Jesús.

> Señor Jesucristo,
> que dijiste a tus apóstoles:
> "La paz les dejo, mi paz les doy",
> no tengas en cuenta nuestros pecados,
> sino la fe de tu Iglesia
> y, conforme a tu palabra,
> concédele la paz y la unidad.
> Tú que vives y reinas
> por los siglos de los siglos.
> Amén.

El sacerdote intercambia un saludo de paz con la asamblea antes de que él o el diácono nos inviten a compartir el Rito de la Paz unos con otros:

Sacerdote: La paz del Señor esté siempre con ustedes.

Pueblo: Y con tu espíritu.

Sacerdote: Dense fraternalmente la paz.

Crecí en un hogar de origen italiano; por lo tanto, saludábamos a todos los parientes con un beso cada vez que venían de visita y cada vez que se iban de casa. Los parientes que vivían en Italia eran un poco más formales: besaban en ambas mejillas. El resto de la familia era más informal. Hasta ahora nada ha cambiado. De hecho, en reuniones con mucha gente, como por ejemplo Navidad o Pascua, nos tomamos unos veinte minutos antes de la hora de la despedida para empezar con la ronda de besos. A veces es tan larga que los primeros a los que besamos necesitan otro beso antes de irnos. Los invitados nos miran con sorpresa. Pero en nosotros ya es automático, tanto en los mayores como en los más jóvenes. No importa lo bien o mal que nos vaya ese día o sobre qué pudimos haber discutido o qué temas familiares se hayan abarcado, los besos de despedida nos unen. Me reconforta que lo último que hice antes de que mi madre muriera fuera besarla. Ella respondió lanzando un beso a todos los parientes reunidos y diciendo cuánto nos amaba. No es de sorprender que San Pablo instruyera a los cristianos a saludarse entre sí "con el beso santo" (Romanos 16:16). (DJG)

A estas alturas de la liturgia recurrimos a Jesús como recordatorio de que en instantes iremos a recibir el Cuerpo y la

Sangre de Cristo. Es digno de observar que ya desde los primeros días de la Iglesia los cristianos se saludaban entre sí con el "beso santo". Este saludo era una indicación de que se dejaba de lado todo tipo de diferencias. La fe que todos tenemos en Jesús y en su presencia en nuestros corazones nos une y nos mantiene unidos. Este beso santo sana, une y fortalece las relaciones que tenemos unos con otros. A lo largo de los siglos, este beso de paz quedó formalizado como un gesto litúrgico para los ordenados que, mirando al otro, lo tomaban de los brazos e inclinaban la cabeza hacia el hombro izquierdo y el derecho del otro. "*Pax tecum*", decían en latín. Que la paz sea contigo.

Cuando volvió a introducirse en la liturgia el Rito de la Paz, después del Concilio Vaticano II, algunos lo vieron como un trastorno. ¿Cómo se podría pasar de guardar un respetuoso silencio a estirar los brazos para besar, abrazar y estrechar manos con otros, que a menudo eran desconocidos que compartían los mismos bancos? Algunos creyeron que era una falta de respeto. Era una reacción entendible, ya que se trataba de personas que habían aprendido que, en efecto, la misa era una devoción privada. Si se le entiende en el contexto correcto, el Rito de la Paz no interrumpe la misa, sino que es un bello e importante preludio para recibir la Sagrada Comunión, y que vuelve a hacer que dirijamos la atención hacia lo que sucederá inmediatamente después de que nos vayamos de la iglesia, cuando concluya la liturgia.

El Rito de la Paz es necesario para ayudarnos a reconocer que la comunión que vamos a recibir en instantes no es solo con Dios, sino con nuestros hermanos. La poderosa intimidad de la Eucaristía está vaticinada en la intimidad que establecemos al ofrecer la paz de Cristo unos con otros.

Dejemos que la paz de Cristo disipe nuestros miedos y ansiedades, así como ocurrió cuando el Cristo resucitado entró en el salón en el piso superior, donde los discípulos se habían encerrado. Y así, gracias al Bautismo, tenemos la misión de compartir esa paz con los demás.

Se nos recuerda lo que nos advirtió Jesús: "Si mientras llevas tu ofrenda al altar te acuerdas de que tu hermano tiene algo contra ti, deja la ofrenda delante del altar, ve primero a reconciliarte con tu hermano y después vuelve a llevar tu ofrenda" (Mateo 5:23–24). El momento es ahora. Antes de compartir la Eucaristía compartimos la intimidad de la paz de Cristo y dejamos atrás las discusiones y los temores. Pero también nos comprometemos, cuando nos vamos de la iglesia una vez finalizada la misa, a llevar esa paz que es más profunda cuando estamos en la presencia de Cristo.

Este desafío es difícil de aceptar. Con mucha frecuencia vemos gente (incluso nosotros) que apenas han abandonado el estacionamiento de la iglesia y se salen de las casillas al discutir con otro conductor o escuchamos personas chismorrear sobre otra mientras comparten un desayuno en la parroquia después de misa. Hay algo que se ha olvidado u omitido: el compromiso de ser hacedores de paz.

Sabemos que la paz supone más que la ausencia de guerra o violencia. Es una realidad palpable que se debe compartir. Se convierte en una manera de mirar el mundo con los ojos de la fe. En última instancia, la paz es resultado de la unión entre la voluntad de Dios y el corazón humano. Es el resultado de hacer la voluntad de Dios en la tierra así como se hace en el cielo. Es el resultado de la unión entre el cielo y la tierra. Por eso los ángeles cantaron "Gloria a Dios en lo alto y en la tierra paz a los hombres" cuando nació Jesús, pues por fin la tierra y el cielo se habían unido. Esta es la razón por la que colocamos una estrella o un ángel en lo alto del árbol de Navidad y un pesebre al pie del árbol, para indicar que el cielo y la tierra están conectados gracias a la encarnación de Jesús. El resultado es la paz. La paz consta de la capacidad de verlo todo en su justa medida y obrar en la vida de una manera que resalte lo mejor de los demás. Es como un aura que nos rodea y atrae a los demás hacia nosotros, al igual que un puerto seguro atrae las embarcaciones. La paz tiene el propósito de lograr una sociedad más justa, de lograr que haya más amor entre las personas, en primer lugar entre nosotros y Jesús, y en segundo lugar entre nosotros y los demás.

La paz de Cristo es mucho más que un símbolo, el cual puede perder su significado, y de hecho a menudo lo hace. La paz es mucho más profunda que un mero rito, que a menudo le resta importancia a aquello que quiere representar. Esta paz es una realidad que tratamos de lograr sin desfallecer. El Rito de la Paz representa y comienza esa ardua tarea a la que nos comprometemos al final de la liturgia. Compartir el Rito de la Paz con los demás es ofrecer el profundo deseo de que la tierra y el cielo se unan en sus corazones.

En el Sermón de la Montaña, Jesús dice: "Felices los que trabajan por la paz, porque se llamarán hijos de Dios" (Mateo 5:9). Es interesante observar que para Jesús fue necesario enseñarles a quienes lo seguían lo que significaba compartir la paz. No fue sino hasta varios capítulos más adelante, en Mateo 14:13–21, que Jesús alimentó a la multitud hambrienta que lo seguía y lo escuchaba. ¿Lograron entender mejor el significado de ser hacedores de paz? ¿Habían comenzado a demostrarlo en sus acciones? Quizás fue así cuando, mientras compartían el pan bendito, cada cual tomaba para sí nada más que lo que necesitaba. Nadie acumulaba nada para sí; y de esta manera sobraron unas cuantas canastas de comida.

En última instancia, la paz es esa generosidad de espíritu que antepone las necesidades de los demás a las propias. Debemos fortalecernos para lograrlo. Por lo tanto, al compartir la paz de Cristo nos encaminamos hacia ese solemne momento en que tomamos a Jesús en nuestros corazones al compartir su cuerpo y sangre.

Los otros seis días de la semana

Con respecto a la vida cotidiana, el Rito de la Paz nos invita y nos desafía a

- dejar en el altar nuestro enojo y pensamientos negativos sobre otros;

- separar un tiempo para tener paz y serenidad en el corazón;

- esforzarnos por ser hacedores de paz con nuestra familia, en nuestros barrios, lugares de trabajo, comunidades y en el mundo;

- no criticar tanto a los demás;

- apoyar activamente las causas que promuevan la paz;

- participar en el proceso político de nuestro país;

- controlar el tono de los mensajes y afirmaciones que hagamos en las redes sociales.

■ ■ ■

Oración de la paz de San Francisco de Asís

Señor, haz de mí un instrumento de tu paz:

donde haya odio, ponga yo amor,

donde haya ofensa, ponga yo perdón,

donde haya discordia, ponga yo unión,

donde haya error, ponga yo verdad,

donde haya duda, ponga yo la fe,

donde haya desesperación, ponga yo esperanza,

donde haya tinieblas, ponga yo luz,

donde haya tristeza, ponga yo alegría.

San Francisco de Asís

12

Solo Dios es nuestro sustento

La Sagrada Comunión

Una vez tuve la oportunidad de recibir a un sacerdote de Irlanda. Cuando me enteré de que le gustaba el helado, lo llevé a un lugar que vendía treinta y un sabores de helado. No sé si no logró captar la idea o si estaba apelando a su pícaro humor irlandés, pero lo cierto es que se acercó al mostrador y le preguntó a la empleada, que estaba parada delante de un enorme cartel que promocionaba los treinta y un sabores: "¿Qué sabores hay?" Fue muy gracioso ver el rostro de la muchacha, que estaba intentando darse cuenta si el sacerdote hablaba en serio o no. La incredulidad en el rostro de la joven se transformó en frustración, pues el sacerdote tardó una eternidad en elegir uno de los treinta y un sabores y hacía una infinidad de preguntas sobre cada uno de ellos. Para colmo, la muchacha no le entendió cuando finalmente pidió, con marcado acento irlandés, un helado con sirope de chocolate caliente. Todo esto me resultó muy gracioso, pero no pude evitar pensar que una de las cosas que complican la vida actual es la amplia variedad que existe para cualquier cosa. Es muy bueno tener múltiples opciones, pero a veces esa amplia gama puede hacernos perder de vista aquello que realmente nos satisface. (JSP)

Podemos "ir en paz" porque estamos en comunión con Dios y con los demás. La Plegaria Eucarística y el compartir la paz de Cristo nos llevan directamente a participar en la Eucaristía misma, es decir, lo que llamamos la Sagrada Comunión. Al participar en ella, Dios nos toma en sus brazos y nos fortalece así para ir en paz.

¿Sabías que la obligación de asistir a misa el domingo y recibir la Comunión tiene tanto que ver con el primer mandamiento como con el tercero? Es cierto. ¿Te sorprende? Si bien el tercer mandamiento nos ordena a santificar el día del Señor, asistir a misa es una de las maneras en que lo hacemos. Además de la adoración, santificamos el día del Señor absteniéndonos de hacer trabajo innecesario, manteniendo "la alegría propia del día del Señor", haciendo "obras de misericordia" y procurando "el descanso necesario del espíritu y del cuerpo" (*Catecismo de la Iglesia Católica*, 2185).

Por otra parte, el primer mandamiento dice lo siguiente:

Yo soy el Señor, tu Dios, que te saqué de Egipto, de la esclavitud. No tendrás otros dioses aparte de mí. No te harás una imagen, figura alguna de lo que hay arriba en el cielo, abajo en la tierra o en el agua bajo tierra. No te postrarás ante ellos, ni les darás culto (Éxodo 20:2–5).

Dios nos dice que el fundamento de los Diez Mandamientos es reconocer que solo él es nuestra fuente de realización. ¡Y nadie ni nada más! Ni el aspecto físico ni las posesiones ni el dinero ni el estatus ni los amigos ni la familia ni la ubicación geográfica ni la popularidad ni el poder ni las capacidades. Solo Dios.

De eso se trata ir a misa y recibir la Comunión. Desde que pisamos la iglesia para escuchar misa, se nos invita y se nos desafía a reconocer que solo Dios es nuestro sustento. Se nos alienta porque durante el resto de la semana, con mucha sutileza, millares de mensajes nos seducen con promesas de que algo más puede o podrá sustentarnos. De a poco caemos en las garras de aquellos que nos prometen felicidad a cambio de comprar una determinada marca de ropa, manejar un determinado modelo de auto, mantener el peso ideal, tener un físico sin defectos, vivir en un barrio muy buscado o en una casa lujosa, tener un empleo de alto nivel, poder jactarnos de nuestro salario, disfrutar de una buena cantidad de sexo, obtener un alto grado de popularidad o ejercer gran poder.

Por otro lado, el mensaje de la Eucaristía es muy claro: en lo más profundo de nuestro ser es imposible poder sostenernos por nuestra propia cuenta. El mensaje de la Eucaristía es el mensaje del Miércoles de Ceniza: sin Dios somos polvo y no podemos sustentarnos a nosotros mismos. Una vez al año, en Miércoles de Ceniza, este mensaje es como una bofetada y nos despierta. Cada domingo, al recibir la Comunión, recordamos que, si bien en sí no hay nada de malo en todo lo que se mencionó antes, el confiar en alguna de esas cosas para alcanzar la satisfacción y poder sustentarnos nos lleva a apartarnos del camino y a terminar separados de la fuente verdadera: el Dios que nos ama.

Existe una razón por la cual este es el primer mandamiento. Cuando un escriba le preguntó a Jesús cuál era el primer mandamiento (refiriéndose a cuál era el más importante), Jesús le respondió con una síntesis del primer mandamiento:

El más importante es: Escucha, Israel, el Señor nuestro Dios es uno solo. Amarás al Señor, tu Dios con todo tu corazón, con toda tu alma, con toda tu mente, con todas tus fuerzas (Marcos 12:29–30).

En otra oportunidad un joven rico le preguntó a Jesús qué necesitaba para alcanzar la vida eterna. Jesús le pidió vender todo lo que poseía, repartir el dinero entre los pobres y seguirle (Mateo 19:16–26). Jesús no estaba diciendo que era necesario venderlo todo para alcanzar la vida eterna, sino que estaba desafiando a este joven, que evidentemente creía que el dinero que tenía era su única fuente de realización, a reconocer que solo Dios es la fuente. Cuando la Iglesia enseña que la Eucaristía es "fuente y culmen" de nuestra vida (*Catecismo de la Iglesia Católica*, 1324), nos está recordando que solo Dios, que está presente en la Eucaristía, es nuestra fuente de realización. Cuando vivimos según el primer mandamiento, los otros nueve empiezan a encajar. Si en verdad reconocemos que solo Dios es la fuente de realización, honraremos su nombre, santificaremos el sabbat y amaremos al prójimo como a nosotros mismos (del cuarto al décimo mandamiento).

Recibir la Comunión es el reconocimiento supremo de que Dios es nuestra fuente y todo lo que necesitamos.

Una vez un compañero de trabajo observó que yo me lo paso picoteando bocadillos en el trabajo. Y no puedo evitarlo. ¡Siempre estoy hambriento! El cajón del escritorio es como si fuera una tienda de bocadillos. Tengo un surtido de galletas, barras de cereal, uvas pasas, *pretzels*, hojuelas de salvado y otras delicias surtidas que me mantienen alimentado durante el día. Ahora que tengo edad suficiente para llevar una credencial de la Asociación Estadounidense de Jubilados (AARP, por sus siglas en inglés) debo prestar atención a lo que como, pues sé que no puedo quemar la misma cantidad de calorías que antes. Si bien siempre tengo hambre, tengo que comer la comida adecuada para evitar que las calorías se sigan acumulando. Hay muchos alimentos que me gustaría comer: galletas dulces, rosquillas, gomitas, etcétera, que si bien me calmarían el hambre, en última instancia resultarán más dañinos que beneficiosos. (JSP)

No es casualidad que la primera tentación que Jesús sufrió en el desierto fuera calmar el hambre convirtiendo a las piedras en panes. Tampoco es casualidad que Jesús eligiera un alimento y una bebida para estar presente entre nosotros. Él sabe que por más que comamos y bebamos, finalmente siempre estaremos hambrientos y sedientos. Del mismo modo, por más que tratemos de llenar el vacío que sintamos en nuestro corazón, siempre estaremos espiritualmente hambrientos y sedientos, una realidad que el cantante Bruce Springsteen expresó con mucha vehemencia: "todos tenemos un corazón hambriento". El asunto se resume a una sola pregunta: ¿qué elegiremos para calmar esta hambre y sed insaciables? Hay muchas alternativas. Hay muchas cosas en la vida que, a corto plazo, traerán satisfacción. El problema es que muchas de esas elecciones no son sanas. El primer mandamiento nos enseña que solo Dios es la "comida" a elegir.

En mis años como docente solía pescarme todas las enfermedades de mis alumnos. Un año que fue especialmente malo estaba yo tan enfermo que el médico amenazó con dejarme internado hasta el final de la semana si no mejoraba. Temeroso de que así fuera, volví a la casa de mis padres para dormir y descansar. Cuando llegué, mi padre se dio cuenta de lo mal que estaba y me dijo que no importaba lo que fuera, que mamá me cuidaría. Cuando mi madre me vio, abrió los ojos y repitió las palabras de mi padre. Dijo que me cuidaría y que no me preocupara. Me di cuenta de que, verdaderamente, no me veía para nada bien. Al poco tiempo tenía delante de mí un banquete. Mi apetito, que había permanecido en estado latente durante mucho tiempo, se abrió rápidamente. —Come—, ordenó mi madre. Me dijo que las hojas de grelo tienen mucho hierro, que la salsa de tomate tiene potasio, y que el bistec tiene proteínas. Después de comer me fui a la cama: dormí quince horas. Cuando desperté me esperaba otro banquete que, según mi madre, me curaría. —Come—, insistió. Volví a comer y a dormir. Antes de lo previsto ya estaba dando clases otra vez. Y cuando al final de la semana fui a ver al médico, resaltó que me veía mejor en un ciento por ciento. Y así me sentía. La Eucaristía está ahí, para nosotros, no importa qué es lo que nos aflija. No es solo para los sanos. Es muy útil para traernos de nuevo a los pies del Señor si algún mal espiritual nos aqueja. (DJG)

En su libro *The Journey of Desire* [El viaje del deseo], John Eldredge dice que, en última instancia, cuando de satisfacer el hambre o el deseo interior se trata, tenemos tres alternativas. Podemos ignorar o reprimir ese deseo o, según sus propias palabras, "estar muertos". Solemos suponer que ese es el mensaje del cristianismo, es decir, el llamado a reprimir cualquier deseo. Una segunda alternativa, que muchos elegimos, es la de "volvernos adictos". En el intento de satisfacer el hambre interior y superar esa dolencia interna, con mucha facilidad nos volvemos adictos a cualquier cosa que nos traiga satisfacción temporal. Por último, según Eldredge, la tercera alternativa —y la única posibilidad para los cristianos— es "estar vivos y sedientos" o, en este caso en particular, vivos y hambrientos.

Eldredge afirma que "el cristiano debe vivir una vida de 'santo anhelo'", según palabras tomadas del libro sobre espiritualidad cristiana *The Holy Longing* [El anhelo sagrado], de Ronald Rolheiser. C. S. Lewis utilizó una imagen similar cuando hablaba de un *anhelo inconsolable* por "no sabemos qué". Fundamentalmente luchamos por satisfacer un hambre insaciable. La represión y la adicción no hacen más que exacerbar el hambre interior y dañar la salud. Solo Dios satisface los deseos del corazón mientras estamos "vivos y sedientos". La Comunión es nuestra forma de dirigir todo nuestro deseo a Dios y la forma de Dios de ofrecernos el pan de vida y la copa de la salvación eterna. No es de extrañar que seamos dichosos por esta invitación a este banquete extraordinario.

Sacerdote: Éste es el Cordero de Dios,
que quita el pecado del mundo.
Dichosos los invitados a la cena del Señor.

> Pueblo: Señor, no soy digno
> de que entres en mi casa,
> pero una palabra tuya
> bastará para sanarme.

Estamos profundamente agradecidos por esta invitación. Esta respuesta repite las palabras del centurión que expresó su profundo aprecio por Jesús cuando este ofreció ir a su casa para curar a su sirviente: "Señor, no soy digno de que entres bajo mi techo. Basta que digas una palabra y mi muchacho quedará sano" (Mateo 8:8). Cuando reconocemos que solo Dios puede sanarnos y calmar el hambre y la sed, nuestra vida encuentra equilibrio. Una famosa frase de San Agustín dice: "nuestro corazón estará insatisfecho hasta que descanse en ti". Reconocemos que esta inquietud interior es, en última instancia, un deseo de Dios. Esto nos lleva a vencer la tentación de dejar que cualquier otra cosa usurpe el lugar de Dios en cuanto a ser fuente de satisfacción.

Cuando niños quizás creíamos que al recibir la Comunión ocurriría algo parecido a lo que sucedía cuando Popeye comía espinaca: una transformación repentina. Sin embargo, a medida que crecimos nos dimos cuenta de que esta perspectiva hace que veamos que la comunión es una mercancía y nosotros los consumidores. Es natural que como buenos consumidores esperemos una gratificación inmediata. Pero también aprendemos que la Eucaristía no es una mercancía, sino un abrazo, que no es momentáneo, sino que dura toda la vida.

Cuando recibimos la Comunión, Dios nos abraza; Dios nos cura y calma nuestra dolencia interior. Hablamos de recibir la presencia real de Jesús en la Sagrada Comunión. ¿Qué significa esto? En el Nuevo Testamento la palabra *cuerpo* (*soma* en griego) se refiere a la persona o al ser, que es mucho más que un mero cuerpo de carne (*sarx* en griego). Pero en hebreo no hay una palabra específica para *cuerpo*. A un ser viviente no se le consideraba una persona dentro de un cuerpo, sino que el cuerpo y la persona eran uno y el mismo. Es decir, cuando Jesús ofrece su cuerpo, ofrece su ser, su misma persona. Asimismo, en el pensamiento judío se creía que la sangre era la vida misma del ser viviente. Por eso estaba prohibido consumir sangre, ya que la vida es estrictamente dominio de Dios. Cuando Jesús ofrece su sangre, nos invita a "consumir" su misma vida. En esencia, recibir la Eucaristía significa ser consumido junto con Jesús. Nuestro ser y nuestra vida entran en comunión con el ser y la vida de Jesús. La presencia real de Jesús significa que creemos que en verdad recibimos el ser y la vida reales de Jesús, no que solamente los recordamos con afecto.

Al mismo tiempo, recibir la Comunión es un abrazo no solo de Dios, sino también de nuestro prójimo. La Comunión no es simplemente una experiencia "entre Dios y yo". El hecho de que hayamos comido en la misma mesa y hayamos bebido de la misma copa es una expresión poderosa de la comunión con los demás. No solemos sentarnos a una mesa y cenar con cualquiera. Compartir una mesa significa entablar una relación con los demás. Normalmente no bebemos de la misma copa que otros, a menos que tengamos una relación profunda con esa persona. En cierto sentido, estamos estrechando una relación profunda con aquellos con quienes compartimos la copa de la Comunión. Nuestra comunión con Dios se hace realidad cuando amamos a nuestros hermanos y hermanas. La Comunión nos hace reconocer la presencia de Dios, no solo en el pan y el vino consagrados, sino también en la vida de aquellos con quienes nos encontraremos todos los días. Dios envió a su hijo único, Jesús, para que se hiciera carne porque "tanto amó Dios al mundo" (Juan 3:16). Cuando recibimos la Comunión, nos comprometemos al amor que Dios mostró al mundo —un amor que busca la justicia para todas las personas. La adoración a Dios que hacemos por medio de la Eucaristía no tiene sentido a menos que nos haga poner la atención en el prójimo. Es por eso que cuando el escriba le preguntó cuál era el primer mandamiento (y el más importante), Jesús respondió: "No hay mandamiento mayor que éstos" (Marcos 12:31).

En su obra *The Liberation of the Laity* [La liberación de los laicos] el teólogo Paul Lakeland asegura que "conocemos a Dios solo sabiendo cómo obra". No llegamos a conocer a Dios gracias a alguna clase de revelación privada, sino por medio de las obras de su hijo Jesús. ¿Y qué hizo Jesús? Devolvió la vista a los ciegos, les dio libertad a los cautivos, sanó a los enfermos, trajo alegría y esperanza a los desesperados, perdón a los pecadores y una nueva vida para todos. Como seguidores de Jesús seguimos sus huellas y hacemos que los demás conozcan a Dios por medio de obras. La Sagrada Comunión no es un llamado a retirarnos con Dios y aislarnos, sino un llamado a obrar. En su epístola, San Santiago nos dice que "no basta con oír el mensaje hay que ponerlo en práctica" (Santiago 1:22).

Recibir el Cuerpo y la Sangre de Jesús nos permite expresar nuestro compromiso de poner el mensaje, la Palabra, en práctica. Recibir el Cuerpo de Cristo bajo el aspecto de pan es una expresión de nuestra unidad con todo el pueblo de Dios, pues creemos que, por medio del Bautismo, nos convertimos en miembros del cuerpo místico de Cristo. Recibir la preciada Sangre de la copa es una expresión de nuestro compromiso con la misión de la Iglesia. En el huerto de Getsemaní, Jesús tuvo la tentación de abandonar ese compromiso: "aparta de mí esta copa" (Lucas 22:42). Jesús, sin embargo, mantuvo su compromiso con la voluntad del Padre. Del mismo modo, beber de la copa es señal de nuestro compromiso de hacer la voluntad de Dios. Recibir la Comunión del domingo es una expresión de nuestro compromiso de estar en comunión con nuestros hermanos y hermanas todos los días. En cuestión de minutos, después de recibir la Comunión, se nos enviará a hacer la tarea de amar a Dios mediante el amor al prójimo en la vida diaria. La Eucaristía no es una gasolinera que nos abastece para hacer la obra del Señor en un mundo que nos agota. Por el contrario, es un llamado a abrazar a la humanidad del mismo modo en que lo hace Dios: alentando a los demás a vivir como hijos de Dios y animándolos cuando no lo logren. Recibir de manera habitual la Sagrada Comunión nos condiciona a reconocer la presencia de Dios revelada en el mundo y recordar que envió a su único Hijo para que fuera como uno de nosotros.

El Rito de la Comunión cierra con una plegaria —la Oración después de la Comunión— que, como es de esperar, nos señala la salida e indica que nuestra tarea recién comienza.

Los otros seis días de la semana

Con respecto a la vida cotidiana, la Sagrada Comunión nos invita y nos desafía a

- reconocer que solo Dios es la fuente de realización;

- admitir que dependemos de Dios;

- buscar maneras en las que podamos esforzarnos para alcanzar la realización;

- identificar adicciones potenciales en nuestra vida;

- reconocer nuestras esperanzas y deseos más íntimos y pedirle a Dios que los haga realidad;

- canalizar nuestros deseos para hallar una manera sana de poder llevarlos a la realidad;

- reconocer y vencer la tentación;

- reconocer la presencia de Jesús en nosotros y en aquellos con quienes nos encontramos;

- comprometernos a la misión de la Iglesia;

- aceptar que toda la creación de Dios es buena y animar a otros a vivir como hermanos y hermanas.

■ ■ ■

Porque el precepto que yo te mando hoy no es cosa que te exceda ni inalcanzable; no está en el cielo para que se diga: ¿Quién de nosotros subirá al cielo y nos lo traerá y nos lo proclamará para que lo cumplamos?; ni está más allá del mar, para que se diga: ¿Quién de nosotros cruzará el mar y nos lo traerá y nos lo proclamará para que lo cumplamos? El mandamiento está a tu alcance: en tu corazón y en tu boca. Cúmplelo.

Deuteronomio 30:11–14

13

¡Pueden ir en paz!

El Rito de Conclusión

Los fanáticos de los Chicago Bulls (en español, los Toros de Chicago) recuerdan con nostalgia los seis campeonatos de la Asociación Nacional de Baloncesto logrados durante la época de Michael Jordan y Scottie Pippen, allá por los años noventa. Después del (¡primer!) retiro de Michael Jordan, quedaba claro que los Chicago Bulls serían a partir de ese momento el "equipo de Scottie". A decir verdad, Scottie tomó, literalmente, el toro por las astas y lideró al equipo durante toda la temporada y hacia las eliminatorias. Sin embargo, hubo un partido en el que Scottie mostró un aspecto desconocido de sí. El partido iba empatado, faltaban 1.8 segundos, y los Chicago Bulls tenían el balón. Durante un tiempo muerto, el equipo trató de trazar un plan para lograr el tiro de la victoria; todos suponían que el balón iría para Scottie. Pero el entrenador Phil Jackson diseñó una jugada en la cual Toni Kukoc haría el tiro. Scottie se acaloró y se lo hizo saber. Jackson no se retractó. Scottie salió entonces del juego por iniciativa propia y se sentó en el banco, enfurruñado. Se reanudó el juego y Toni Kukoc anotó el tiro de la victoria. Scottie, el líder del equipo, debía dar algunas explicaciones. Se había creído más importante que el equipo y esto dañó su reputación para el resto de su carrera. Esto le tomó tan solo 1.8 segundos. (JSP)

Quizás te hayas dado cuenta a qué voy con esta historia. Scottie Pippen abandonó el juego antes de que finalizara. Los integrantes de un equipo no suelen hacer esto. Por desgracia, a medida que la misa llega a su fin, muchos hacen como Scottie: se van más temprano, antes de la bendición final. Quizás creemos que, porque ya recibimos la Comunión, obtuvimos aquello para lo que vinimos. A lo mejor estamos apurados para llegar al estacionamiento antes de que se llene de gente o para llegar a la panadería antes de que se forme una fila demasiado larga. Cualquiera que sea el motivo, tenemos la tentación de irnos antes de la bendición final y la despedida. ¿Y qué?

Cuando nos reunimos para la Eucaristía, la cruz nos guía hacia el altar en la procesión inicial. Nos reunimos como un cuerpo y, a lo largo de la misa y por nuestras acciones y respuestas compartidas, nos integramos al Cuerpo de Cristo. Estamos a punto de ser enviados, no como llaneros solitarios, sino como una comunidad de fe unida en Jesucristo. Irnos antes es separarnos de esa comunidad. En esencia, comenzamos nuestra propia procesión, separada de la procesión que la cruz de Jesús guiará una vez más, esta vez en dirección contraria al altar y de vuelta al mundo. Nos consideramos más importantes que el equipo. Esperar la bendición, la despedida y la cruz de Jesús que nos guía a la salida de la iglesia en la procesión de cierre es un gesto final que hacemos para expresar firmemente lo que expresamos antes en el Credo: que la Iglesia es "una, santa, católica y apostólica".

Es *una* pues estamos unidos. Nos vamos de la iglesia unidos para expresar esto de manera más profunda.

Es *santa* pues somos seguidores del único y Santo: Dios. Nos vamos de la iglesia con la cruz que nos guía, la cruz que es símbolo de la santidad de Dios.

Es *católica* pues es universal y se nos envía a proclamar las buenas nuevas a todas las naciones. Nos vamos de la iglesia de una manera que recuerda a un ejército enviado a cumplir una misión.

Es *apostólica* pues no solo tiene sus raíces en los apóstoles, sino que Jesús nos envía, es decir, nos da la misión, de proclamar su palabra. Nos vamos de la iglesia de una manera que expresa nuestra misión apostólica: se nos envía a hacer las obras de los apóstoles.

Unos breves segundos pueden marcar una enorme diferencia. Scottie Pippen lo sabe muy bien. El Rito de Conclusión dura nada más que unos segundos; sin embargo, esos segundos marcan el tono de cómo debemos vivir la misa cada día de nuestra vida. ¿Qué pasa entonces en esos segundos que dura el Rito de Conclusión? Comenzamos con el mismo saludo formal con el que empezamos la misa, con que nos preparamos para recibir el Evangelio y con que participamos en la Plegaria Eucarística:

Sacerdote: El Señor esté con vosotros.

Pueblo: Y con tu espíritu.

Este intercambio de frases nos recuerda una vez más que estamos a punto de embarcarnos en una empresa enorme. Irnos antes de este intercambio significa minimizar la importancia de la tarea que se avecina. Lo que viene a continuación de este intercambio es algo que señala con mucha claridad de quién es la misión que estamos a punto de cumplir; recibimos la bendición de Dios. Una bendición es una señal de aprobación y afirmación. Algunas personas aguardan toda la vida, esperando y orando por una bendición de sus padres, por alguna señal que muestre que aprueban y afirman a ese hijo por quién él o ella es. Muchos tenemos la fortuna de recibir tales bendiciones a lo largo de la vida, pero otros, por desgracia, no. En la misa tenemos el privilegio de recibir esta abundante bendición antes de ser enviados.

> Sacerdote: La bendición de Dios todopoderoso,
> Padre, Hijo y Espíritu Santo,
> descienda sobre vosotros.
>
> Pueblo: Amén.

La bendición puede considerarse como el momento en que recibimos nuestra credencial. Reflexione. Cuando un embajador es enviado a visitar a un dignatario extranjero, lo primero que hace es presentar una cartera diplomática. Esta es una manera explícita que tienen los embajadores para expresar que no hablan ni obran en nombre propio, sino en nombre del país y el líder que los envió. La bendición final de la misa deja claro que se nos envía a irnos, no en nombre propio, sino en nombre de la Santísima Trinidad: Padre, Hijo y Espíritu Santo. San Pablo dijo que cada uno tiene el llamado de ser embajador de Cristo. La bendición final de la misa es el momento en que nos entregan esa credencial. Irnos antes de esta bendición es indicar que estamos obrando en nombre propio y según nuestros propios propósitos. Esperar esos breves pero preciosos momentos significa lo opuesto a lo que significaría salir de la iglesia. Armados con la bendición de Dios, es decir, con las credenciales que certifican que somos embajadores de Cristo, se nos ordena a ir y empezar con nuestra misión.

Una vez viví uno de esos momentos de revelación mientras asistía a misa durante unas vacaciones en un pequeño pueblo en la zona costera de Maine. El celebrante era un sacerdote de edad, que parecía sacado de alguna pintura de Winslow Homer, y cuyo rostro, surcado por las arrugas, recordaba a la línea costera. Tenía un estilo cálido y acogedor, y al instante me sentí muy cómodo. Después de la Comunión, me sorprendió que ninguno de los miembros de la congregación quisiera retirarse antes. Mientras el sacerdote nos miraba a los ojos y decía "Pueden ir en paz", se inclinó y alzó en los brazos a una desprevenida niña de no más de dos años de edad y se la subió al hombro izquierdo, como si fuera una vieja estampa de San Cristóbal y el niño Jesús. Respondí con un "Demos gracias a Dios" que fue más que una simple exclamación de júbilo por haber llegado a su fin la liturgia. Fue un llamado alto y sonoro para que llevara lo que había aprendido de este viejo y sabio sacerdote y lo compartiera con mi congregación, y a parecerme más a él como celebrante: no hacer la misa del mismo modo típico. La congregación y yo brillábamos de felicidad mientras el sacerdote hacía la procesión de cierre con la niña al hombro, con un triunfal himno de fondo. Después de que devolviera a la desconcertada niña a sus orgullosos padres, todos esperamos con paciencia para estrecharle la mano. Evitando pintar un cuadro demasiado idílico, debo mencionar que una de las razones por las que nadie se fue de misa antes de tiempo es que el ujier había cerrado con llave la puerta del estacionamiento; solo entonces, después de que todos habían salido de la iglesia la abrió para que la gente pudiera irse. (DJG)

Este sencillo relato tiene un propósito doble. En primer lugar, nos recuerda mantener el sentido del humor cuando hablamos sobre la misa, pues es más fácil levantarnos el ánimo cuando estamos alegres. En segundo lugar, y más importante para los fines de este libro, nos hace poner la atención a una parte de la misa que suele pasarse por alto: el mismísimo final. Baste recordar que en este libro comenzamos a explorar la misa por el final. Ahora completamos el círculo, pues una vez más exploramos el Rito de Conclusión de la misa. Cualquier otra cosa que hagamos, digamos o recemos —es decir, todos los gestos, la música, las respuestas y los momentos de silencio— inexorablemente nos llevan a este momento en que se nos dice que "podemos ir en paz". Y es porque nos nutrimos de la presencia del Dios vivo tanto en las palabras de las Escrituras como en el sacramento de la Eucaristía, porque pedimos y recibimos perdón en el acto penitencial, porque recibimos aliento en las perspectivas brindadas en la homilía, porque traemos nuestras necesidades y esperanzas al altar para ofrecerlas en sacrificio a nuestro Dios y porque en esta comunidad reunida recurrimos

unos a otros en paz, se nos da una orden: "Pueden ir en paz".
¿Cuál es el significado de esas cuatro poderosas palabras?
¿Cómo logramos cumplir esa orden?

Al "ir en paz", lo hacemos con un plan de acción,
sabiendo cuál es nuestra misión y dirección. También vamos
con la aprobación de Dios, como embajadores del Evangelio.
Por medio del Rito de Conclusión, recibimos la orden de mar-
charnos para llevar a cabo la obra del Evangelio y cumplir
con nuestro compromiso bautismal. Cuando se nos despide
de la misa —es decir, cuando se nos envía a irnos— el sacerdote o diácono lo hace utilizando alguna de estas órdenes:

Podéis ir en paz.

La alegría del Señor sea nuestra fuerza.
Podéis ir en paz.

Glorificad al Señor con vuestra vida.
Podéis ir en paz.

En el nombre del Señor, podéis ir en paz.

Como suele suceder con estos piadosos intercambios durante
la misa, la asamblea siempre tiene la última palabra:

Pueblo: Demos gracias a Dios.

Agradecemos el ser considerados dignos de que se nos
envíe a hacer la obra de Dios en el nombre mismo de Dios.
Agradecemos el saber que tenemos una función fundamental en el plan de Dios. Por supuesto, en la vida las cosas no

suelen ir exactamente como se previó en el plan. La vida no sigue un guión. Aun así, es bueno saber que nosotros, como católicos, estamos armados de un plan básico cuando nos vamos de la iglesia. Como dijera el famoso químico, biólogo e investigador Luis Pasteur: "La fortuna juega a favor de una mente preparada".

Cuando en el Rito de Conclusión de la misa se nos envía a irnos, no es con un guión, un plan de clase, un plano o un libreto. Pero sí se nos envía con un plan básico. Debido a su brevedad, el Rito de Conclusión nos deja jugar con la imaginación. Se nos bendice y se nos envía a trabajar. Si bien la misa nos envía en una dirección en general, es decisión nuestra poner la Palabra de Dios en práctica todos los días. La iglesia brinda una gran ayuda y una guía para hacer esto de manera más eficaz. Gracias a la *catequesis*, es decir, el aprendizaje de nuestra tradición de fe, adquirimos el conocimiento y las capacidades necesarias para vivir como discípulos de Cristo en el mundo. Primero y principalmente, la Iglesia nos provee algunas fórmulas básicas de la fe, que guían nuestros pensamientos y acciones: los Diez Mandamientos y las obras de misericordia corporales y espirituales.

Los Diez Mandamientos

Solemos pensar que los Diez Mandamientos solo son prohibiciones que nos señalan qué es lo que no debemos hacer. Pero los Diez Mandamientos tienen el propósito de guiarnos para tomar las decisiones correctas que nos permitan vivir como Dios quiere que vivamos. Los primeros tres mandamientos nos indican de qué manera amar a Dios. Los otros siete nos indican cómo amar a los demás. A continuación detallamos los Diez Mandamientos y dónde estos encuentran sustento en la liturgia de la misa.

- Yo soy el Señor, tu Dios: no habrá para ti otros dioses delante de mí. La Profesión de Fe nos enseña a poner nuestra confianza solamente en Dios. Las lecturas de las Escrituras enseñan que solo Dios es nuestra salvación. La Sagrada Comunión enseña que solo Dios nos sostiene y que debemos poner a Dios por sobre todas las cosas. Y lo más importante: la misa en general nos enseña a adorar solamente a Dios.

- No tomarás el nombre de Dios en vano. El acto penitencial nos enseña a ser puros de palabra. Las lecturas de las Escrituras nos enseñan por qué el nombre de Dios es tan grande. El Gloria, la aclamación del Evangelio, el Santo, Santo, Santo, la Plegaria Eucarística y lo que cantamos durante la misa nos enseñan a respetar, alabar y honrar el nombre de Dios y todo aquello que Dios representa. La señal de la cruz al principio y al final de la misa nos enseña a respetar el nombre de Dios y a hablar y obrar en nombre de Dios, en una manera digna de su nombre. La misa en general nos enseña a respetar lo sagrado, aquello que representa el nombre de Dios.

- Santificarás las fiestas. Los Ritos Iniciales nos enseñan la importancia de reunirnos como comunidad en el nombre del Señor. La Plegaria Eucarística nos enseña a recordar que Dios trajo salvación a su pueblo y nos enseña a responderle guardando el pacto que se expresa guardando el Día del Señor. Las lecturas de las Escrituras nos ayudan a recordar las maravillas que Dios hizo y hace y a responderle alabándole, dándole gracias y viviendo una vida de santidad, lo cual es el objetivo del Día del Señor. La totalidad de la misa nos enseña que la resurrección de Jesús, ocurrida el primer día de la semana, debe celebrarse todos los días de nuestra vida.

- **Honrarás a tu padre y a tu madre.** Las lecturas de las Escrituras nos enseñan a amar al prójimo, un mandamiento que comienza en casa. La Oración Universal nos enseña a aceptar nuestra responsabilidad como ciudadanos de la tierra y a respetar a los líderes, gobernantes y quienes ejercen autoridad sobre otros. El Padrenuestro nos enseña a mostrar amor, atención y respeto hacia nuestro Padre celestial y hacia todos aquellos a los que Dios les ha confiado su autoridad, comenzando por nuestros padres terrenales y siguiendo con nuestros parientes, ancianos y todo aquel que tenga posición de autoridad.

- **No matarás.** El acto penitencial nos enseña a mostrar amor hacia los demás en pensamiento, palabra y acción. Las lecturas de las Escrituras nos enseñan a mostrar amor y respeto hacia todos los seres humanos. La Profesión de Fe nos enseña que Dios es el creador de toda vida humana. La Oración Universal nos enseña a respetar a los difuntos y a defender la dignidad y la vida de las personas. El

Rito de la Paz nos enseña a evitar el enojo y el odio, y a compartir la paz de Cristo con los demás.

- No cometerás actos impuros. El acto penitencial nos enseña a ser puros de mente. La Profesión de Fe nos recuerda que nuestros cuerpos están creados a imagen de Dios y que la dignidad del cuerpo humano se realza porque Dios tomó forma humana por medio de Jesús. El Padrenuestro nos enseña a resistir la tentación. La Sagrada Comunión nos enseña que nuestros cuerpos son el templo del Dios vivo, que solo Dios cumple nuestros deseos y que la comunión con otros se vive por medio de relaciones fieles.

- No robarás. El Credo nos enseña que Dios creó todas las cosas para todos. La Oración Universal nos enseña a mostrar preocupación por las necesidades de los pobres y desprotegidos. La preparación de los dones nos enseña a estar agradecidos por lo que tenemos y a vivir como corresponsables, o sabios administradores, que se preocupan y respetan los derechos y bienes ajenos, que están comprometidos con la justicia, que dan con generosidad a los necesitados y que respetan los dones de la creación que Dios nos dio.

- No dirás falso testimonio ni mentirás. El acto penitencial nos enseña a ser personas honestas y sinceras. Las lecturas de las Escrituras nos enseñan que Dios es la verdad y que estamos llamados a vivir en la verdad. La homilía nos enseña a ser testigos de

la verdad. La Profesión de Fe nos enseña a estar
comprometidos con la verdad. El Padrenuestro
nos enseña a dar a los demás el beneficio de la
duda y orar por su perdón.

- No consentirás pensamientos ni deseos impuros. El
  acto penitencial nos enseña a ser puros de mente y
  humildes, lo cual nos hace ser modestos. La Sagrada
  Comunión nos enseña que solo Dios puede satisfacer nuestros deseos. La Comunión también nos
  enseña a ver a los demás como Dios lo hace.

- No codiciarás los bienes ajenos. El acto penitencial nos enseña a ser humildes, lo cual va en sentido contrario a la soberbia que a menudo suele
  conducir a la envidia. La preparación de los dones
  nos enseña a practicar el espíritu de pobreza desprendiéndonos de las posesiones materiales y
  siendo generosos con los demás. El Padrenuestro
  nos enseña a estar satisfechos con el pan diario, a
  huirle a la tentación y a darle todo el poder y la gloria a Dios. La Sagrada Comunión nos enseña a per-
  mitirle a Jesús satisfacer nuestro apetito espiritual.

Las obras de misericordia corporales y espirituales

Solemos preguntarnos qué sucederá cuando muramos y
estemos cara a cara con Jesús el día del Juicio Final. En realidad Jesús dejó bien en claro cuál será el criterio para el día
del juicio cuando relató la parábola del Juicio Final:

Porque tuve hambre y me dieron de comer, tuve sed y me dieron de beber, era emigrante y me recibieron, estaba desnudo y me vistieron, estaba enfermo y me visitaron, estaba encarcelado y me vinieron a ver (Mateo 25:35–36).

Estas obras son la base de lo que conocemos como obras corporales de misericordia. Son actos de amor mediante los cuales ayudamos al prójimo con sus necesidades físicas y materiales diarias. La Iglesia también nos encomienda a hacer obras de caridad para atender las necesidades emocionales y espirituales de las personas. Se llaman obras de misericordia espirituales. La clave de todas estas obras de misericordia es que no son cosas que hacemos de manera accidental, sino que para que ocurran debemos ser proactivos. Cuando pensamos qué es lo que vamos a hacer cuando se nos envíe a irnos una vez terminada la misa, las obras de misericordia corporales y espirituales son una buena guía para nuestras acciones.

Las obras de misericordia corporales

- visitar y cuidar a los enfermos

- dar de comer al hambriento

- dar posada al peregrino

- vestir al desnudo

- redimir al cautivo

- dar limosna a los pobres

- enterrar a los muertos

Las obras de misericordia espirituales

- enseñar al que no sabe

- dar buen consejo al que lo necesita

- corregir al que yerra

- perdonar las injurias

- consolar al triste

- sufrir con paciencia los defectos de los demás

- rogar a Dios por vivos y difuntos

Además de enseñarnos *qué* hacer en nombre de Jesús, la Iglesia también enseña *cómo* hacer todo esto. Los seguidores de Jesús debemos tener una actitud que impregne nuestras acciones. Por medio de los dones del Espíritu Santo, el fruto del Espíritu Santo y las siete virtudes podemos desarrollar esa santidad de la cual provienen las buenas obras.

Los dones del Espíritu Santo

En la actualidad es común que las personas confíen en los abogados para varias cosas. En nuestra sociedad, el comprender las leyes se ha vuelto muy complejo. Los abogados nos brindan una guía legal y conocimientos en situaciones demasiado difíciles para enfrentar por nuestra cuenta. En cierto modo los abogados son nuestros *consejeros*. Jesús sabiamente nos dio un "consejero" para ayudarnos a convertirnos en discípulos: se trata del Espíritu Santo. Ya que vivir como discípulos de Jesús es tarea compleja, el Espíritu de Jesús permanece con nosotros y brinda los siguientes dones para ayudarnos cuando se nos envía a cumplir con nuestro llamado.

Sabiduría. La sabiduría nos permite ver la vida desde la perspectiva de Dios y reconocer el valor real de las personas, sucesos y cosas. La sabiduría evita que cometamos la tontería de juzgar a otros según su apariencia.

Entendimiento. El entendimiento nos da una penetración en las verdades de la fe y de ser discípulos de Jesús. Nos ayuda a hacer buenas elecciones en nuestra relación con Dios y con los demás. La inteligencia aumenta por medio de la oración y la lectura de las Escrituras; también gracias al escuchar activamente.

Consejo (Sensatez). El don de consejo nos ayuda a dar y buscar consejo y a ser receptivos a los consejos de los demás. Gracias a este don podemos ayudar a otros con sus problemas sin necesidad de juzgarlos.

Fortaleza. El don de la fortaleza permite defender nuestras creencias, hacer lo correcto ante las dificultades y soportar el sufrimiento con fe. Este valor nos ayuda no solo a emprender tareas difíciles en el servicio de la fe, sino a ser fieles en nuestra vida diaria. Vivir una buena vida cristiana exige fuerza y valor, aun cuando nadie se dé cuenta de cuánto nos esforzamos.

Ciencia. El don de la ciencia nos ayuda a saber lo que Dios pide de nosotros y cómo debemos responder. Llegamos a conocer a Dios, a nosotros mismos y el valor real de las cosas gracias a nuestras experiencias. Este don nos ayuda también a reconocer las tentaciones como tales y a acudir a Dios en busca de ayuda.

Temor de Dios. El don del temor de Dios no se trata de tener miedo, sino de poder maravillarnos y admirarnos de la grandeza de Dios y de nuestra dependencia de él. Nos lleva a maravillarnos ante el increíble amor que Dios tiene por nosotros.

Piedad (Reverencia). La reverencia es un don que nos ayuda a amar y adorar a Dios. Nos invita a ser fieles en nuestras relaciones con Dios y con los demás. También nos ayuda a ser respetuosos y generosos hacia los demás y, al igual que San Francisco de Asís, hacia toda la creación de Dios.

Los frutos del Espíritu Santo

El viento es invisible. Entonces, ¿cómo sabemos que existe? Porque vemos y sentimos sus efectos. Vemos que los árboles, las plantas y las flores se mecen y nos damos cuenta de que es por la acción del viento. Del mismo modo reconocemos la presencia del Espíritu Santo por los efectos que el Espíritu ejerce sobre las personas. Las personas que están llenas del Espíritu Santo demuestran los efectos de su presencia en su vida. A estos efectos los llamamos frutos del Espíritu

Santo. Cuando los cristianos son un ejemplo de los frutos del Espíritu Santo, atraen a otros para que sean también discípulos. Uno de los grandes Padres de la Iglesia del siglo III, Tertuliano, dijo que los no cristianos decían esto de los seguidores de Jesús: "Mirad cómo se aman entre sí". Jesús mismo les dijo a los discípulos: "En eso conocerán todos que son mis discípulos, en el amor que se tengan unos a otros" (Juan 13:35). Cuando se nos envía a hacer la obra del Evangelio, lo hacemos de modo tal que expresamos ciertas cualidades conocidas como los frutos del Espíritu Santo.

Caridad. Un sinónimo de caridad es *amor*, que se demuestra en el servicio desinteresado hacia otros por medio de acciones y palabras. La caridad es una señal de que amamos a Dios y a los demás como Jesús nos ama a nosotros. "Acuérdate, Señor, de tu Iglesia extendida por toda la tierra [. . .] y [. . .] llévala a su perfección por la caridad" (Plegaria Eucarística II).

Fidelidad. Debemos mantener nuestras promesas. Somos fieles cuando mostramos lealtad a Dios y a aquellos con quienes tenemos un compromiso. Las personas fieles son formales, dignas de confianza y obedientes. "[. . .] y pidámosle que nos renueve interiormente, para que permanezcamos fieles al Espíritu que hemos recibido" (Rito para la bendición y aspersión del agua).

Alegría. La alegría es el gozo profundo y permanente que tenemos en el Señor y que las circunstancias no pueden arruinar. Proviene de una buena relación con Dios y con los demás —una relación de amor genuino. "[. . .] donde esperamos gozar todos juntos de la plenitud eterna de tu gloria" (Plegaria Eucarística III).

Modestia. La modestia es la moderación en todas nuestras acciones, sobre todo en la conversación y en el comportamiento externo. La modestia es una señal de que le damos el crédito a Dios por nuestros talentos y éxitos. "Acepta, Señor, nuestro corazón contrito y nuestro espíritu humilde; que éste sea hoy nuestro sacrificio y que sea agradable en tu presencia, Señor, Dios nuestro" (Preparación del altar).

Mansedumbre. La mansedumbre se expresa con actos generosos de servicio. Las personas que exhiben mansedumbre son compasivas, consideradas y siempre se esfuerzan por hallar lo mejor en los demás. "Nos hacen imitadores de tu generosidad" (Prefacio III de Cuaresma).

Bondad. Este fruto del Espíritu Santo mana del gran amor de Dios. Es una señal de que amamos a todas las personas sin excepción. "Pues por amor creaste al hombre" (Prefacio Común II).

Paz. En la mañana de Pascua Jesús les dijo a sus discípulos: "La paz esté con ustedes" (Juan 20:21). Un discípulo fiel a la voluntad de Dios mantiene la serenidad, no está visiblemente ansioso ni inquieto. La paz proviene de saber que todo saldrá bien porque Dios está con nosotros. "La paz os dejo, mi paz os doy" (Signo de la paz).

Paciencia. La paciencia es amor dispuesto a soportar sufrimientos, dificultades y rutinas de la vida. Significa no rendirse ante situaciones difíciles. Evita que las circunstancias de la vida nos abrumen. "Que os conserve íntegros en la fe, inconmovibles en la esperanza y perseverantes hasta el fin, con santa paciencia, en la caridad" (Bendición solemne. El Primer Día Del Año, 3).

Templanza. Podemos dominar nuestros deseos físicos y emocionales al ser modestos y respetuosos con los demás. La templanza nos permite dominar nuestras emociones y deseos, en vez de que ellos nos dominen a nosotros. "[. . .] no nos dejes caer en la tentación, y líbranos del mal" (El Padrenuestro).

Castidad. La castidad es la integración de la sexualidad física con la naturaleza espiritual. Todos, casados y solteros, estamos llamados a practicar la castidad "para que seamos santos como tú mismo eres Santo" (Plegaria Eucarística sobre la reconciliación I).

Generosidad. La generosidad es la voluntad de dar, incluso a costa de nosotros mismos. Expresa la preocupación de satisfacer las necesidades de otros, aun si ello significa sacrificar algo de nuestra parte, "Y porque no vivamos ya para nosotros mismos" (Plegaria Eucarística IV).

Afabilidad. La fortaleza suavizada con amor modera nuestro carácter y nos hace afables, pacíficos y misericordiosos. Una persona afable tiene la capacidad de perdonar en vez de enojarse. "Ayúdanos a demostrar, a ejemplo suyo, en una actitud servicial con nuestros hermanos, toda la delicadeza de tu amor" (Oración Colecta, San Francisco de Sales).

Las virtudes

En su obra *Los siete hábitos de la gente altamente efectiva* Stephen R. Covey se enfoca en siete principios, o hábitos, para alcanzar el éxito. Si bien la idea de Covey es un excelente enfoque para solucionar los problemas tanto personales como profesionales, dicho concepto no tiene nada de singular. Durante siglos la Iglesia ha venido enseñando siete hábitos, o principios, que son fundamentales para vivir como discípulos de Jesús. Estos hábitos se llaman *virtudes*. Se pueden denominar hábitos porque es necesario utilizarlos y se pueden perder si se abandonan. Al salir de misa para glorificar a Dios con nuestra vida, cumpliremos con la misión más eficazmente si dependemos de los siguientes hábitos o virtudes. Las primeras tres se conocen como *virtudes teologales*, pues provienen de Dios y nos conducen a Dios. Las otras cuatro —las *virtudes cardinales*— son virtudes humanas, adquiridas por medio de la educación y las buenas obras. Se llaman así por la palabra en latín *cardo* que significa "bisagra", es decir, el punto de apoyo de una puerta o ventana. Asimismo, las virtudes cardinales son el fundamento, o aquellas sobre las que se apoyan el resto de las virtudes.

Al igual que tocar el piano, ser buenos amigos, jugar algún deporte o hacer alguna otra cosa que valga la pena, estas virtudes tardan un poco y requieren algo de esfuerzo para desarrollarse. Pero la práctica hace que se conviertan en una parte natural de la vida. Muy a menudo escuchamos la frase "practicar el catolicismo", que suele explicarse en términos de simplemente asistir a misa los domingos. El Rito de Conclusión, no obstante, nos recuerda que debemos practicar la fe día a día, del mismo modo en que un médico practica la medicina día a día. Si nos concentramos en estas responsabilidades y en el modo en que las llevamos a cabo, podremos comprometernos a ser "católicos practicantes", no solamente los domingos, sino todos los días. A continuación detallamos las siete virtudes; las tres primeras son teologales y las cuatro últimas, cardinales:

Fe. La fe, el don que Dios nos dio, es la capacidad de creer en Dios y ofrecerle nuestra vida a él. Nos capacita para confiar en Dios por completo y aceptar todo lo que Dios reveló y enseñó. "Que durante toda la vida os conceda permanecer firmes en la fe" (Bendición solemne de Adviento).

Esperanza. La esperanza y la fe están íntimamente ligadas. Es el deseo por todo lo bueno que Dios ha planeado para nosotros. La esperanza nos da la confianza de que Dios siempre estará con nosotros y que viviremos con él para siempre en el cielo. Confiamos en Dios, quien a su vez confía en nosotros. "[. . .] donde esperamos gozar todos juntos de la plenitud eterna de tu gloria" (Plegaria Eucarística III).

Caridad. La caridad nos conduce a amar a Dios por sobre todas las cosas y también a amar al prójimo como a nosotros mismos. Este amor supone más que meros sentimientos: es la manera en que pensamos en Dios y cómo actuamos hacia él. La caridad reúne todas las virtudes en perfecta armonía. Como escribiera San Pablo en 1 Corintios 13:13: "la más grande de todas es el amor". "Que enderece hacia sí vuestros pasos y os muestre el camino del amor y de la paz (Bendición solemne del Tiempo Ordinario III).

Prudencia. La prudencia nos ayuda a discernir lo bueno y después tomar la decisión de hacerlo. Nos lleva a detenernos y pensar antes de actuar, de manera que cuando actuemos lo hagamos con sensatez. "Líbranos de todos los males, Señor" (embolismo del Padrenuestro).

Justicia. La justicia nos lleva a respetar los derechos de los demás y a darles lo que por derecho les pertenece. La persona justa considera las necesidades de los demás y siempre intenta ser imparcial. "Que tu Iglesia, Señor, sea un recinto de verdad y de amor, de libertad, de justicia y de paz" (Plegaria Eucarística V/b).

Fortaleza. La fortaleza es el valor de hacer lo que es correcto, aun cuando resulte difícil. Proporciona la fuerza para poder resistir las tentaciones. "Porque su ejemplo nos impulsa y su intercesión nos ayuda a colaborar en el misterio de la salvación" (Prefacio de los santos II).

Templanza. La templanza nos ayuda a hallar un equilibrio entre lo que queremos y lo que necesitamos. Ayuda a las personas a moderar los deseos de placer y fomenta la mesura. "Bendice, Señor, a tu pueblo que espera los dones de tu misericordia, y concédele recibir de tu mano generosa lo que tú mismo lo mueves a pedir" (Oraciones sobre el pueblo, 10).

> Cuando trabajaba como asociado pastoral y director de educación religiosa en una parroquia de Chicago, solía encontrarme con feligreses que deseaban hablar de sus carreras. Por lo general eran personas con ambiciones de realización espiritual y se sentían muy frustradas con

sus empleos. Solían decirme cosas como: "Ojalá tuviera su empleo. Debe de ser maravilloso sentirse cerca de Dios, poder hacer la obra de Dios todos los días y pasar tanto tiempo en la iglesia". Algunos hasta me pedían información para poder hacer una carrera en el ministerio. En parte me entusiasmaba pensar que alguien quisiera entrar en el ministerio, pero por otro lado sentía el deseo de ahorcarlos y preguntarles: "¿Está usted loco?". No se daban cuenta de que, si bien yo disfrutaba de mi ministerio, me encontraba con las mismas frustraciones que ellos: jefes y compañeros de trabajo difíciles de aguantar, tareas a menudo tediosas, "clientes" que jamás estaban satisfechos, largas jornadas laborales, baja remuneración, etcétera. Me era imposible concebir la idea de que, por alguna razón, por el solo hecho de trabajar en la iglesia, se me considerara un mejor discípulo de Cristo que otros. Pero, por desgracia, parece que no hemos logrado comunicarle a la gente que Dios quiere que vivamos nuestras promesas bautismales en la vida diaria, no solamente dentro de una iglesia o en una parroquia. (JSP)

Un antiguo relato budista cuenta que un novicio le preguntaba a un monje cómo había cambiado su vida como resultado de haber logrado la iluminación. Así le respondió el monje: "Antes de la iluminación, cortaba leña y acarreaba agua. Después de la iluminación, cortaba leña y acarreaba agua".

Cuando aceptamos el Bautismo, nuestra vida cambia. Cuando recibimos la Eucaristía cada domingo en misa, cambiamos. No obstante, ese cambio no se mide en términos de cuánto tiempo pasamos dentro de la iglesia o en la parroquia. Tampoco es que ese cambio esté relacionado con nuestras actividades cotidianas. El cambio tiene más que ver con hacer cosas por una razón nueva y distinta, con un enfoque nuevo y distinto, y desde una fuente nueva y distinta.

Recurramos a la literatura para ejemplificar esto. Ebenezer Scrooge, protagonista de la novela *Cuento de Navidad* de Charles Dickens, se ha convertido para muchos en un símbolo de avaricia y misantropía. Si bien Ebenezer Scrooge es un personaje de ficción, ¿cree usted que renunció a su empleo, vendió la empresa y se hizo misionero después de su conversión? Sin lugar a dudas que siguió manejando su oficina de contabilidad Scrooge & Marley, mantuvo a Bob Cratchit como empleado e hizo negocios en varios mercados. Lo que cambió fue el qué, el por qué y el cómo lo hacía. Si bien su conversión fue indisputablemente espiritual, no lo transformó en un hombre "religioso" o piadoso que pronunciaba un "aleluya" o un "amén" en cada frase.

Cuando nos vamos de la iglesia después de la misa, con un mayor convencimiento de nuestro llamado a vivir como discípulos de Cristo, no debemos pensar que es necesario cambiar el empleo o hablar más de religión en el trabajo. Martin Luther King Jr. hizo hincapié en que es en la vida diaria donde vivimos el verdadero llamado: "Si es su suerte ser barrendero, barra las calles como pintaba Miguel Ángel, barra las calles como Beethoven componía música, barra las calles como canta Leontyne Price ante la Ópera Metropolitana, barra las calles como Shakespeare escribía poesías. Barra las calles tan bien que todos los ejércitos del cielo y la tierra tengan que parar y decir: "Aquí vivió un gran barrendero quien hizo un excelente trabajo".

En su obra *Espiritualidad del trabajo* Gregory F. A. Pierce dice que la espiritualidad "puede practicarse en medio de nuestras actividades diarias; se trata más de conciencia que de prácticas piadosas". Explica que algunos creen que ser discípulo de Jesús significa "hacerse notar y convertir a otros o hacer proselitismo para que los otros se unan a su secta o denominación". Pierce afirma que la evangelización católica "es más acerca de obras que de palabras. No hace falta disfrazarla con vocabulario religioso para que sea eficaz". San Ignacio de Loyola alentó a sus seguidores a extender la fe de manera más sutil: "Cada vez que deseamos ganar a alguien y hacer que se involucre en el gran servicio a Dios, nuestro señor, debemos. . . entrar por su puerta pero salir por la nuestra" (*How to Deal and Converse with Others in the Lord, Selected Letters of St. Ignatius of Loyola* [Cómo tratar y convesar con otros sobre el Señor: Algunas cartas de San Ignacio de Loyola]).

Hace algunos años la parroquia de mi madre la nombró mujer del año y la invitó a recibir el premio en un almuerzo donde unas veinticinco parroquias otorgarían el mismo reconocimiento a sus feligresas. Fui al evento con algunos de mis hermanos y hermanas y pude disfrutar de una maravillosa celebración que tanto mi madre como las otras mujeres se merecían. Mientras se leía en voz alta las breves biografías a medida que cada mujer pasaba al frente, me di cuenta de algo un tanto intrigante. No es por desmerecer a ninguna de las premiadas (sobre todo a mi madre), pero me di cuenta de que las veintitantas mujeres premiadas trabajaban en ministerios que directamente servían a la parroquia. En otras palabras, solo una de las mujeres trabajaba en un ministerio que llegaba al mundo "secular". Esta mujer en particular trabajaba para servir a mujeres en prisión y las ayudaba a grabar sus voces mientras leían cuentos para que sus hijos escucharan la voz de su madre. También trabajaba en un ministerio que consistía en recibir a los viajeros en el aeropuerto y brindarles hospitalidad, además de una cantidad de actividades más, con el fin de servir a los necesitados. Todas las demás mujeres recibían el galardón por trabajar en ministerios de las puertas de la iglesia para adentro: lectoras, ministros de comunión, sacristanes; decorando el santuario; cambiando el agua en los receptáculos de agua bendita; limpiando la iglesia; lavando y planchando los purificadores, entre otras labores. Si bien el trabajo desinteresado de estas mujeres es digno de admiración, me preguntaba por qué habríamos llegado al punto de creer que la manera más admirable de vivir la fe tenía que ver con pasar más tiempo dentro de la iglesia. (JSP)

¿Qué significa esto en términos de cómo vivir el mandato de "ir en paz"? Cuando Jesús nos dice: "Hagan esto en memoria mía", ¿qué es exactamente lo que quiere que hagamos? Muchos piensan que debemos ser más espirituales. Pero, ¿qué significa ser espiritual? ¿Qué es la espiritualidad? Si tuviéramos que pedirles a varias personas que elaboren una gráfica circular que muestre la proporción de tiempo que dedican a asuntos espirituales, muchos dibujarían una fina tajada para indicar cuánto tiempo pasan en la iglesia, en oración, leyendo las Escrituras o participando en algún ministerio o actividad en la iglesia. El resto de la gráfica se compondría de trabajo, familia, recreación, descanso, etcétera. Por desgracia, como malinterpretamos lo que significa la espiritualidad, solemos creer que el objetivo es agrandar esa tajada "espiritual" de la gráfica dedicando más tiempo para ir a la iglesia, orar, leer las Escrituras y participar en actividades de la iglesia. No obstante, la espiritualidad no se trata de agrandar una tajada de una gráfica que muestre en cuántas actividades participamos en la iglesia. Se trata de mirar la gráfica completa, es decir, nuestra vida, en relación con Dios. En su libro *The Holy Longing* [El anhelo sagrado], Ronald Rolheiser dice que la espiritualidad "[. . .] se trata de hallar la manera adecuada y las disciplinas adecuadas que nos permitan acceder [. . .] a la energía y la contengan". No se refiere solamente a lo que hacemos con la energía cuando estamos en la iglesia, orando, leyendo las Escrituras o participando en las actividades de la iglesia. La espiritualidad tiene que ver con lo que hacemos con la energía en cada momento de nuestra vida. Es decir, ser espiritual es considerar espiritual a la "gráfica" entera. Al igual que los dos discípulos que iban camino a Emaús, nuestros ojos pueden ser abiertos de modo que reconozcamos la presencia de Jesús andando en el camino de la vida. Ese relato enseña que el partir el pan —la Eucaristía— lleva a semejante revelación.

Jesús nació en un establo, pero por alguna razón lo buscamos solo en las iglesias y monasterios. Cuando Jesús proclamó el reino de Dios, no les dijo a las personas que podían hallarlo en el templo o en las sinagogas. Les dijo: "está cerca el reino de Dios" (Marcos 1:15); es decir, que el reino de Dios está entre nosotros. La frase *el reino de Dios* describe la realidad de la voluntad o el gobierno de Dios en nuestra vida. En otras palabras, la voluntad de Dios es nuestra salvación. Cuando Jesús dice "está cerca el reino de Dios", nos dice que la salvación está alrededor de nosotros. La Eucaristía nos revela la realidad de la salvación que está por encima, por debajo, por delante y por detrás, y a todo nuestro alrededor. Como seguidores bautizados de Jesús, nos comprometemos a revelar esta verdad a los demás.

Esto requiere práctica; práctica diaria. Esto es lo que significa ser católicos practicantes. Piensa cómo es que aprendemos a andar en bicicleta. No es cuestión de que practiquemos andar en bicicleta y un día comencemos a andar en bicicleta. Simplemente empezamos a andar —mal al principio, pero a medida que practicamos, lo hacemos cada vez mejor—. Del mismo modo, el discipulado no es algo que practicamos por un tiempo preparándonos para comenzar a trabajar "de verdad". Ser católicos "practicantes" significa que tratamos de hacer la obra del Evangelio a diario. Quizás lo hagamos mal al principio, pero lo hacemos. No hay una medida de éxito cuando de discipulado se trata. Se trata solo de fidelidad.

Los otros seis días de la semana

Con respecto a la vida cotidiana, el Rito de Conclusión nos invita y nos desafía a

- llevar las buenas nuevas de Jesucristo en cada área de nuestra vida cotidiana: hogar, empleo, recreación, familia, amigos, barrio, país y el mundo;

- vivir cada día según el plan de Dios revelado por Jesús;

- andar por la vida de manera tal que atraigamos a otros hacia Jesús;

- vivir nuestro llamado bautismal;

- practicar nuestra fe católica a diario;

- considerar cada aspecto de nuestra vida como algo espiritual.

■ ■ ■

¿Pero cómo podrá demostrar él su amor, si es que el amor se demuestra con obras? No tengo otra forma de demostrarte mi amor que arrojando flores, es decir, no dejando escapar ningún pequeño sacrificio, ni una sola mirada, ni una sola palabra, aprovechando hasta las más pequeñas cosas y haciéndolas por amor...

Santa Teresita del Niño Jesús, *El pequeño camino*

14

Vivir la misa

No estamos solos

Para muchos se nos hizo imposible despegarnos un segundo del televisor. Fue un 11 de septiembre que nadie olvidará. Nuestra parroquia puso un aviso en su página web: habría una misa especial esa misma tarde a las 7:00 p.m. Abrimos las puertas de la iglesia para que la gente pudiera entrar y rezar, y colocamos avisos por todo el barrio anunciando la misa. No nos sorprendió que la iglesia se llenara de gente para la liturgia, que transcurrió de manera tranquila pero con mucha tristeza. Cuando finalizó la misa, anuncié que la iglesia permanecería abierta mientras hubiera quienes desearan quedarse. Me dirigí a la puerta cuando terminó el himno de conclusión. Lo que siguió marcó un momento muy importante para mí en cuanto a mi comprensión del significado de la liturgia, del significado de la iglesia y del significado de comunidad. Nadie se levantó para irse. La gente se quedó rezando, ya bien sentada o arrodillada, durante un buen rato. Muy lentamente se iban levantando de los bancos. Pero se quedaban en la iglesia, hablando con otros, abrazándose o tomándose de las manos. De a poco comenzaron a comprender que sus vidas habían cambiado y que estaban intentando captar lo que esto significaba para ellos como personas de fe. Me di cuenta de lo importante que fue que nos hubiésemos juntado para celebrar misa. Muchos me agradecieron por dar la misa en ese horario, y otros tantos compartían el mismo sentimiento: "Sabíamos que habría misa esta noche"; "Sabíamos que en St. Josaphat escucharíamos las palabras adecuadas"; "Sabíamos que usted no nos defraudaría". Fue difícil concluir esa liturgia con la frase "Pueden ir en paz", pero deben de haber sido las palabras más importantes que los fieles hayan escuchado en ese largo y espantoso día. (DJG)

La tarea de vivir a diario como discípulos de Jesucristo puede resultar desalentadora —y de hecho lo es—. En ciertas ocasiones, como ese 11 de septiembre de 2001, irnos de la iglesia para salir al mundo puede resultar simple y llanamente aterrador. Y, sin embargo, nuestra fe nos enseña que el bien prevalece. Desde los primeros capítulos de Génesis hasta el último capítulo de Apocalipsis aprendemos que la creación de Dios es buena, que fuimos hechos a imagen de Dios y que Dios permanentemente hace nuevas todas las cosas. No obstante, conociendo nuestros temores, Jesús nos asegura que no tendremos que arreglárnosla solos para llevar a cabo su misión. Jesús nos envió a su Espíritu Santo que, por medio de la iglesia, nos enseña lo que debemos hacer y cómo debemos hacerlo:

El Defensor, el Espíritu Santo que enviará el Padre en mi nombre, les enseñará todo y les recordará todo lo que [yo] les he dicho (Juan 14:26).

El Espíritu Santo, por medio de la iglesia, nos enseña y nos recuerda lo que Jesús nos dijo. Estas enseñanzas proporcionan las herramientas necesarias para llevar a cabo nuestras responsabilidades como discípulos de Cristo que, literalmente, vamos en paz glorificando al Señor en nuestra vida. Estas enseñanzas muestran maneras concretas de llevar a cabo la tarea del discipulado y cómo hacerlo. Cuando celebramos la Eucaristía, no solamente recibimos la fortaleza, el sustento y la dirección para llevar a cabo la tarea, sino que a decir verdad comenzamos la tarea. La palabra *liturgia* —un sinónimo de *misa*— viene del griego *leitourgia*, que significa "la labor de las personas". Dicho de otra manera, la misa no es un ensayo o un precalentamiento para la tarea que se avecina, sino que es aquí donde comenzamos esa tarea que continuará una vez que nos vayamos. Ahora que ya examinamos todas las partes de la misa, terminaremos con algunos consejos prácticos que nos ayudarán a continuar la obra del Evangelio una vez que nos vamos del santuario y reanudamos nuestra vida cotidiana tanto en casa como en el trabajo. Es importante recordar que no hacemos nada de esto para ganarnos la gracia de Dios, sino que lo hacemos en *respuesta* a su gracia, la cual Dios nos ofrece sin pedir nada a cambio. El compromiso que cada uno de nosotros hacemos en el Bautismo de vivir como discípulos de Cristo se lleva a cabo sobre todo en el tiempo que pasamos en el trabajo y en el hogar, es decir, la mayor parte de nuestro tiempo. Ahí es donde la Eucaristía (la presencia de Jesús) se hace más necesaria y donde se nos hace un llamado a participar en el ministerio de Jesús como *sacerdote, profeta* y *rey.*

La misa en síntesis

En los **Ritos Iniciales** de la misa comenzamos la tarea de dejar de lado el individualismo y de entrar en comunidad con otros.

A continuación ofrecemos algunos consejos sobre cómo continuar esta tarea durante los seis días restantes de la semana.

- Reconocer la presencia de otros por medio de una cálida sonrisa, un gesto con la cabeza, o un sencillo saludo.

- Ser hospitalarios con quienes nos encontremos en el trabajo, en la calle o en nuestros hogares y comunidades.

- Concentrarnos en las necesidades de los demás.

- Llamar o visitar a algún amigo o pariente sin ningún motivo en especial.

- Tenderles una mano y llevarles esperanza a aquellos que estén solos (sobre todo en las comidas).

- Reconocer la dignidad de otros, también creados a imagen de Dios.

- Hablar en nombre de los marginados.

- Concentrarnos en aquello que tenemos en común con otros, en vez de concentrarnos en las diferencias.

- Ser pacientes y respetuosos hacia otros en espacios públicos, sobre todo cuando manejamos o viajamos en transporte público.

- Resistir el impulso de ser crueles cuando utilizamos redes sociales.

En el **acto penitencial** de la misa comenzamos la tarea de desarrollar un sentido de humildad. A continuación ofrecemos algunos consejos sobre cómo continuar esta tarea durante los seis días restantes de la semana.

- Trabajar silenciosamente sin alardear.

- Elogiar a otros en vez de atraer los elogios hacia nosotros mismos.

- Felicitar a los compañeros de trabajo por su esfuerzo.

- Con discreción darle el crédito a Dios cuando nos felicitan por nuestros éxitos.

- Hablar en nombre de los necesitados que por modestia no desean atraer la atención hacia sí.

- Hacer actos de bondad para otros sin llamar la atención.

- Ayudar a que otros sean exitosos.

- Perdonar a otros así como Dios nos perdona a nosotros.

- Hablar con respeto en público (o abstenerse de hablar) de alguien con quien no nos llevemos bien.

- Abstenerse de juzgar a otros.

- Reconocer y aceptar nuestras propias imperfecciones.

- Reflexionar en nuestra vida diaria e identificar momentos en los que no hayamos aprovechado al máximo todo el potencial que Dios nos ha dado.

- Tomarnos en serio las críticas constructivas.

- Pasar tiempo con quienes evitan que nos volvamos demasiado engreídos.

- Recordar cuán bueno es Dios con nosotros aun cuando no hayamos hecho nada para merecerlo.

En la **Liturgia de la Palabra** comenzamos la tarea de reconocer el contexto extraordinario en que transcurre nuestra vida para que podamos compartir esas buenas nuevas con los demás. A continuación ofrecemos algunos consejos sobre cómo continuar esta tarea durante los seis días restantes de la semana.

- Recordar alguna palabra o alguna frase (escribirla en un papel autoadhesivo y pegarla en un espejo, monitor de computadora o refrigerador) de las lecturas de las Escrituras o de la homilía, que nos recuerde poner el mensaje de la Palabra de Dios en práctica y de manera concreta todos los días.

- Reconocer la voz de Dios en las experiencias diarias.

- Reconocer que todas las personas forman parte de la historia de nuestra salvación.

- Buscar cuidadosamente las pruebas de la amorosa presencia de Dios en la vida diaria.

- Ayudar a otros a que relacionen sus alegrías y luchas con un cuadro mucho mayor.

- Asegurarles a los que están desesperados que pueden hallar esperanza poniendo sus vidas en el contexto del amor de Dios.

- Ofrecer alternativas a la manera de ver las cosas, sobre todo cuando la gente opina o toma una posición contraria al Evangelio.

- Hablar y actuar con autoridad, sugiriendo y mostrando maneras alternativas de obrar conforme a los valores del Evangelio en la vida diaria.

- Hablar y obrar como testigos del poder salvador de Dios.

- Vivir apreciando el pasado, aceptando el presente y con esperanzas por el futuro.

- Tomarnos un tiempo para reflexionar, estudiar y familiarizarnos con la Palabra de Dios, leyendo las Escrituras u otra literatura inspiradora.

- Tener a mano una Biblia y leerla u orar con ella frecuentemente.

- Buscar comparaciones y asociaciones entre nuestras experiencias diarias y las Escrituras.

- Ser receptivos a la transformación que surge de poner la Palabra de Dios en el centro de nuestra vida y viendo las cosas desde nuevas perspectivas.

En la **Profesión de Fe** comenzamos la tarea de profundizar nuestra confianza en Dios. A continuación ofrecemos algunos consejos sobre cómo continuar esta tarea durante los seis días restantes de la semana.

- Confiar en que los compañeros de trabajo pueden desempeñar sus tareas y cumplir con sus funciones. Confiar en las responsabilidades de familiares y amigos.

- Alentar a los compañeros de trabajo, familiares y amigos a que confíen en que sus esfuerzos honestos son dignos y que serán fructíferos.

- Vivir con confianza, convicción y valor.

- Expresar cuidadosamente nuestra confianza en Dios, sobre todo en situaciones difíciles.

- Vivir sin temores y ayudar a disipar los temores en la vida de los demás.

- Llevar esperanza a otros, alentándolos a tener confianza ante situaciones difíciles.

- Permitir que otros confíen en nosotros.

- Restaurar la confianza superando barreras (económicas, raciales, religiosas, entre otras), haciendo obras de generosidad sin esperar nada a cambio y guardando nuestras promesas y pidiendo perdón cuando las quebrantamos.

- Ser respetuosos hacia aquellos que tienen distintas creencias religiosas, y hablar abierta y confiadamente con ellos sobre las nuestras.

- Obrar según nuestras creencias y de acuerdo con el título de *discípulo*.

- Conocer y entender el vocabulario de nuestra fe para que nos ayude a expresar lo que creemos con respecto a nuestra relación con Dios y la Iglesia.

■ Respetar toda la creación de Dios y ayudar a los demás a reconocer la presencia divina en todas las personas y en toda la creación de Dios.

■ Reconocer el rostro de Jesús en todos los seres humanos, sobre todo en los compañeros de trabajo, familiares, amigos, clientes, competidores y todos aquellos con quienes nos encontramos en el tren, el autobús, el camino, estacionamientos, centros comerciales, supermercados, entre otros.

■ No dejarse llevar fácilmente por los pesimistas.

En la **Oración Universal** comenzamos la tarea de orar por las necesidades propias, las de los demás, de la iglesia y del mundo. A continuación ofrecemos algunos consejos sobre cómo continuar esta tarea durante los seis días restantes de la semana.

■ Vivir teniendo en cuenta nuestra dependencia total de Dios.

■ Ser sensibles ante las necesidades de otros y orar como respuesta a esas necesidades.

■ Asegurarles a los necesitados que oramos por ellos.

■ Estar pendientes de quienes nos pidieron oración.

■ Orar por las necesidades y el bienestar de los compañeros de trabajo, familiares y amigos.

■ Orar por y obrar en nombre de los oprimidos y desprotegidos.

- Orar por la energía, fortaleza y valor necesarios para atender las necesidades de los demás.

- Traerle a Dios todas nuestras necesidades, preocupaciones y deseos.

- Invitar a otros a que oren por las necesidades de los oprimidos y desprotegidos.

- Ser siempre conscientes de las obras maravillosas de Dios y responder buscando su gracia permanente en el trabajo, en el hogar y en los momentos de ocio.

- Ser considerados, compasivos y receptivos a las necesidades del mundo y de las comunidades locales.

- Ofrecerles apoyo a los enfermos y a quienes los cuidan.

- Consolar a los familiares de los que han muerto.

En la **preparación de los dones** comenzamos la tarea de compartir nuestro tiempo, talento y riquezas con otros y con Dios. A continuación ofrecemos algunos consejos sobre cómo continuar esta tarea durante los seis días restantes de la semana.

- Compartir tiempo y creatividad con los compañeros de trabajo y clientes para responder a sus necesidades y servirles de ayuda.

- Reconocer que nuestro tiempo en el trabajo es una oportunidad de colaborar con el proceso creativo de Dios, que es permanente, y de mantener la creación.

- Reconocer que el tiempo y el esfuerzo que invertimos en el trabajo y en atender a nuestros familiares y amigos son oportunidades de dar desinteresadamente y no interrupciones de "nuestro propio" tiempo.

- Hallar oportunidades para compartir tiempo y talento con organizaciones que dependen del voluntariado, sobre todo para las más necesitadas.

- Compartir nuestras riquezas, sobre todo cuando nuestro tiempo es limitado, para ayudar a entidades de beneficencia.

- Separar un porcentaje adecuado de nuestros ingresos para devolverlos a Dios por medio de la ayuda a causas de beneficencia, agradecidos por la oportunidad de retener el resto para nuestras necesidades y las de nuestra familia.

- Prestar atención a las personas cuando hablan con nosotros, sobre todo a nuestros familiares, amigos y compañeros de trabajo.

- Llevar esperanza a quienes se sienten ignorados, prestándoles atención a ellos y a sus necesidades. Hallar un equilibrio entre el trabajo y la familia para mantener relaciones sanas.

- Vivir, trabajar y entretenerse con un espíritu de pobreza (desprendimiento de los bienes materiales); con un espíritu de obediencia (responsabilidad cuando de invertir nuestro tiempo se trate) hacia nuestros empleadores, compañeros de trabajo, cónyuges, amigos y familiares; y con un espíritu de castidad (reconocer nuestros talentos y comprometernos a compartir esos dones de manera adecuada con los demás).

- Vivir como corresponsables, o sabios administradores, de la creación de Dios.

- Hacer obras de generosidad al azar.

En la **Plegaria Eucarística** comenzamos la tarea de vivir con gratitud, recordando las grandes obras de Dios, invocando a Dios para que intervenga a nuestro favor, reconociendo su presencia en medio de nosotros y ofreciéndole nuestra vida a Dios. A continuación ofrecemos algunos consejos sobre cómo continuar esta tarea durante los seis días restantes de la semana.

- Hacer hasta lo imposible por reconocer la presencia de otros —vecinos, personas que van y vuelven del trabajo, compañeros de trabajo, familiares y amigos— y al mismo tiempo estar presentes para otros, sobre todo para quienes se sienten solos.

- Ponerse de acuerdo para agradecer a otros por su esfuerzo, sobre todo a aquellos que suelen pasar inadvertidos.

- Empezar y comenzar el día agradeciéndole a Dios por todas las maneras en que nos ha bendecido.

- Llevar la presencia de Jesús (su compasión, comprensión, perdón, alegría, etcétera) a otros, sobre todo a los que están solos o desesperados.

- Recordar que son las grandes obras de Dios las que hacen posible vivir una vida en plenitud.

- Invocar a Dios para que intervenga a favor nuestro y de los demás, sobre todo en tiempos de necesidad.

- Comenzar cada día ofreciéndoselo y ofreciéndonos a nosotros mismos a Dios.

- Dedicar nuestro trabajo de cada día para la gloria de Dios.

- Esforzarnos para que nuestros días en casa y en el trabajo sean santos (es decir, apartados para los propósitos de Dios).

- Enviar un mensaje personal (una nota manuscrita, un correo electrónico, un *tweet* u otros) a un amigo o a quien no suele salir de su casa.

En el **Padrenuestro** comenzamos la tarea de dejar de lado nuestra propia voluntad (el deseo de estar en control) y abrirnos a la voluntad de Dios, declarando nuestra dependencia de él. A continuación ofrecemos algunos consejos sobre cómo continuar esta tarea durante los seis días restantes de la semana.

- Desistir de nuestros esfuerzos por estar en control de las actividades del día tanto en el trabajo como en el hogar.

- Mostrar confianza hacia otros en el trabajo y en el hogar sobre la base de nuestra confianza en la voluntad de Dios.

- Asegurarles a los desesperados que en la voluntad de Dios están la misericordia y la compasión.

- Involucrarnos en los esfuerzos destinados a demostrar que Dios desea justicia y compasión, sobre todo hacia los oprimidos y desprotegidos.

- Practicar el perdón a los demás.

- Buscar el perdón de los demás, sobre todo en el hogar y el trabajo.

- Reconocer que el verdadero poder consiste en servir a otros, no en que otros nos sirvan a nosotros.

- Hacerlo todo para la mayor gloria de Dios y para honrar su nombre.

- Vivir con la actitud de un niño, reconociendo que dependemos de Dios.

- Discernir la voluntad de Dios en toda situación, sabiendo que esto supone vivir en una relación correcta con los demás.

En el **Rito de la Paz** comenzamos la tarea de vivir pacíficamente con nuestros hermanos y hermanas. A continuación ofrecemos algunos consejos sobre cómo continuar esta tarea durante los seis días restantes de la semana.

- Mantener una actitud positiva en nuestros pensamientos y comentarios.

- Esforzarnos por afianzar las relaciones en el hogar y el trabajo.

- Aceptar a las personas por quienes son en vez de intentar modificarlas.

- Orar en silencio para que la paz de Cristo inunde a cada persona que conozcamos y saludemos a diario.

- Dejar atrás las ansiedades y ayudar a otros a disipar las suyas.

- Intentar sacar lo mejor en los demás y ser menos críticos.

- Trabajar en aras de la justicia, que es el cimiento de la paz.

- Votar; asistir a reuniones que organice la comunidad en que vivimos; hablar con respeto y escuchar con atención.

En el **Rito de la Comunión** comenzamos la tarea de vivir como si nuestro sustento fuese solamente Dios y también con la tarea de reconocer la presencia de Dios en las personas. A continuación ofrecemos algunos consejos sobre cómo continuar esta tarea durante los seis días restantes de la semana.

- Reconocer la presencia de Jesús en nosotros y en todos aquellos con quienes nos encontramos, sobre todo los compañeros de trabajo, clientes, familiares, amigos y también con quienes nos encontramos a diario en el autobús, el tren, el camino, centros comerciales, supermercados, entre otros.

- Alentar a familiares, amigos y compañeros de trabajo a ver la bondad de Dios en los demás.

- Recordarnos a nosotros y a los demás que incluso en medio de las pérdidas la presencia de Dios y su gracia continúan siendo nuestro sustento.

- Afirmar la bondad en el mundo.

- Animar a otros a que vivan como hermanos y hermanas.

- Reconocer que estamos en comunión con todas las personas, siendo solidarios con los oprimidos y desprotegidos, "lavando los pies" de los demás por medio de sencillas acciones de servicio desinteresado en el hogar y el trabajo y llevando la gracia de Dios a quienes la necesitan por medio de nuestro servicio hacia ellos.

- Reconocer al principio del día que solo Dios es nuestra fuente de realización.

- Reconocer adicciones posibles o existentes en nosotros.

- Reconocer (sobre todo al final del día) cualquier manera inapropiada en que hayamos intentado alcanzar la realización.

- Identificar nuestras esperanzas y deseos más profundos y pedirle a Dios que los lleve a cabo.

- Canalizar nuestros deseos para poder cumplirlos de manera sana.

- Reconocer la tentación y hacer algo para superarla.

- Hornear o comprar pan para alguien que esté pasando necesidad.

En el **Rito de Conclusión** comenzamos la tarea de vivir nuestro compromiso bautismal para llevar el Evangelio al mundo. A continuación ofrecemos algunos consejos sobre cómo continuar esta tarea durante los seis días restantes de la semana.

- Considerar que cada área de la vida —hogar, empleo, ocio, relaciones— es espiritual y tratar de llevar las buenas nuevas de Jesús a cada una de estas áreas.

- Recordar que nos vamos de la iglesia con la aprobación (bendición) de Dios.

- Practicar nuestra fe todos y cada uno de nuestros días por medio de nuestras acciones y en la manera en que obramos.

- Recordar cada día el plan que Dios tiene para nosotros, tal como lo revelan las Escrituras proclamadas en la misa del domingo.

- Hacer un compromiso a formarnos continuamente en la fe (catequesis), lo cual nos ayuda a saber qué es lo que debemos hacer y cómo hacerlo como discípulos de Cristo.

Una vez había una monja de edad que hacía muchos años que servía como sacristán en mi parroquia. Estaba acostumbrada a hacer las cosas como ella quería. Yo era casi cuarenta años menor que ella, por lo que no es de sorprender que no estuviésemos de acuerdo en cómo hacer las cosas en las liturgias de fin de semana. Pero me sorprendió que la situación se tornara crítica en tan poco tiempo, para ser exacto, durante mi primer fin de semana como párroco. Para ahorrar el poco dinero de la parroquia en electricidad, la hermana apagaba todas las luces de la iglesia una vez que se anunciaba el himno de cierre. Eso significaba que en la primera misa del sábado por la tarde tuve que caminar por el corredor a oscuras. Después le pedí que dejara las luces encendidas y yo mismo las apagaría cuando regresara a la sacristía después de la última misa del día. Al día siguiente, el domingo por la mañana, no hubo problemas después de las dos misas. Las luces estaban encendidas. Pero después de la última misa, mientras saludaba por primera vez a la gente en la escalinata, ocurrió que no solamente las luces se apagaron en un momento en que estaba distraído, sino que también la hermana había cerrado las puertas de la iglesia y que me había dejado afuera. Intenté entrar, pero me di cuenta de que las puertas estaban cerradas con llave. Esta hermana había manifestado una conducta pasivo-agresiva; los fieles que quedaban se reían conmigo en la escalinata y yo me sentía confundido. Mientras caminaba por el pasillo hacia la entrada lateral, de la cual tenía llave, uno de los feligreses de hacía mucho tiempo me dijo algo muy sabio: "Nosotros somos quienes debemos estar aquí afuera después de la misa. Usted debe quedarse allí dentro". Después de una semana de estar como párroco, yo no entendía lo que quería decir, y no supe qué responderle. Para colmo, vi que la hermana pasó por al lado, con mucha determinación y esbozando una sonrisa de victoria. Me di cuenta de que el viejo feligrés había hablado con mucha sabiduría. Él percibió que su función era salir al mundo y que la mía era juntar a las personas en la iglesia para enviarlas a ese mundo. Ese fin de semana comprendí que los feligreses me enseñarían muchas cosas antes de tiempo. (DJG)

La misa es ese lugar privilegiado donde escuchamos las palabras de Jesús: "Haced esto en conmemoración mía", y donde se nos envía a irnos con la bendición de Dios para practicar la fe: "Glorifiquen al Señor en su vida. Pueden ir en paz". Como sacerdotes y laicos, todos tenemos mucho que hacer. Transformar al mundo no es tarea sencilla. Pero, por suerte, no estamos solos. . . "Demos gracias a Dios".

■ ■ ■

[Jesús dijo:] "Vayan y hagan discípulos entre todos los pueblos, bautícen-los consagrándolos al Padre y al Hijo y al Espíritu Santo, y enséñenles a cumplir todo lo que yo les he mandado. Yo estaré con ustedes siempre, hasta el fin del mundo".

Mateo 28:19–20

Otros títulos de Joe Paprocki

La caja de herramientas del catequista: Cómo triunfar en el ministerio de la catequesis
ISBN-13: 978-0-8294-2767-7
ISBN-10: 0-8294-2767-8
Rústica 7" x 9" • 148 páginas • $9.95
También disponible en inglés.

Una fe bien construida: Guía católica para conocer y compartir lo que creemos
ISBN-13: 978-0-8294-3299-2
ISBN-10: 0-8294-3299-X
Rústica 7" x 9" • 192 páginas • $9.95
También disponible en inglés.

Los planos de la Biblia: Una guía católica para entender y acoger la Palabra de Dios
ISBN-13: 978-0-8294-2858-2
ISBN-10: 0-8294-2858-5
Rústica 7" x 9" • 144 páginas • $9.95
También disponible en inglés.

Practice Makes Catholic: Moving from a Learned Faith to a Lived Faith
ISBN-13: 978-0-8294-3322-7
ISBN-10: 0-8294-3322-8
Rústica 7" x 9" • 208 páginas • $9.95
Disponible solo en inglés.

Disponibles en su librería o página web favoritas.
También puede llamar al **800.621.1008** o visitar
www.loyolabooks.com para hacer su pedido.

Otros títulos de Dominic Grassi
Disponibles solo en inglés

Still Called by Name: Why I Love Being a Priest
ISBN-13: 978-0-8294-1715-9
ISBN-10: 0-8294-1715-X
Tapa dura 5½" x 8½" • 208 páginas • $19.95

Bumping into God: 35 Stories of Finding Grace in Unexpected Places
ISBN-13: 978-0-8294-1654-1
ISBN-10: 0-8294-1654-4
Rústica 5" x 7" • 174 páginas • $10.95

Bumping into God Again: 35 More Stories of Finding Grace in Unexpected Places
ISBN-13: 978-0-8294-1648-0
ISBN-10: 0-8294-1648-X
Rústica 5" x 7" • 200 páginas • $10.95

Bumping into God in the Kitchen: Savory Stories of Food, Family, and Faith
ISBN-13: 978-0-8294-1618-3
ISBN-10: 0-8294-1618-8
Rústica 5" x 7" • 216 páginas • $12.95

Disponibles en su librería o página web favoritas.
También puede llamar al **800.621.1008** o visitar
www.loyolabooks.com para hacer su pedido.